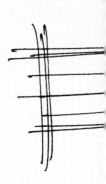

Mike George
Der einfache Weg zu **heiterer**
Gelassenheit

Mike George
Der einfache Weg zu heiterer Gelassenheit

Aus dem Englischen
von Caroline Klima

nymphenburger

Titel der Originalausgabe: Discover Inner Peace
Copyright © Duncan Baird Publishers Ltd 1999
Text Copyright © Duncan Baird Publishers Ltd 1999
Commissioned Artwork Copyright © Duncan Baird Publishers Ltd 1999

© für die deutschsprachige Ausgabe: nymphenburger in der F. A. Herbig
Verlagsbuchhandlung GmbH, München 2000
Alle Rechte, auch der fotomechanischen Vervielfältigung und des
auszugsweisen Abdrucks, vorbehalten.
Umschlaggestaltung: Wolfgang Heinzel
Gesamtherstellung: Print Company Verlagsgesellschaft m. b. H., Wien
Übersetzung: Caroline Klima
Druck und Binden: Imago, Singapur
ISBN 3-485-00866-4

WIDMUNG

Mit grenzenlosem Dank an den Tröster der Herzen, an die Dadis, deren spirituelles Strahlen ein Leuchtturm in dieser Welt ist, und an die Brahma Kumaris World Spiritual University für die tiefgründige Lehre von der Pflege der Seele.

Inhalt

Einleitung	8
Prolog	
Der spirituelle Weg	10
Die Sprache des Geistes	12
Selbst, Welt und Geist	14
Chaos und Sinn	16
Übung 1: Muscheln finden	17
Wahrnehmung und Realität	18
Übung 2: Fenster zum Wunder	19
Die vier Säulen	20
Kreativität und Geist	22
Übung 3: Neue Perspektiven	23
Vernunft und Intuition	24
Emotion und Gefühl	26
Zeit und Zeitlosigkeit	28
Übung 4: Der Tag ohne Uhr	29
Veränderung	30
Das Selbst und die anderen	32
Grenzenlose Energie	34
Übung 5: Die Lebenskraft entdecken	35
Die Quelle des Geistes	36
Übung 6: Die vollkommene Vereinigung	37
Die Natur des Geistes	40
Frühling	42
Sommer	44
Übung 7: Die Kraft des Lichts	45
Herbst	46
Übung 8: Früchte der Verheißung	47
Winter	48
Der innere Tempel	50
Identität definieren	52
Übung 9: Das Rad des Selbst	53
Die Souveränität des Selbst	54
Unsere Einzigartigkeit	56
Verantwortung	58
Werte	60
Ego und Demut	62
Wahrheit und Ehrlichkeit	64
Loslassen	66
Dinge zurechtrücken	68
Gelassenheit entwickeln	70
Übung 10: Der Zeuge und der Wirbelwind	73
Befreien von Abhängigkeiten	74
Übung 11: Der Garten der Welt	75
Das Leben annehmen	76
Übung 12: Aufwärts fließen	79
Geschenke der Welt	80
Landschaft und Sinne	82
Übung 13: Eine Wanderung	85
Der Reichtum des Augenblicks	86

Übung 14: Ein „achtsames" Abenteuer	87	Empathie und Verständnis	128
Mond und Sterne	88	Karma	130
Die Wunder der Natur	90	Familie	132
Die visuelle Vorstellungskraft	92	Freundschaft	134
Übung 15: Die spirituelle Galerie	95	Übung 23: Kreise der Liebe	135
Der göttliche Geist der Musik	96	Vergebung und Versöhnung	136
		Eine Welt ohne Fremde	138

Innere Ruhe — 98

Schon immer	100	**Innere Kraft**	**140**
Übung 16: Der versteckte Garten	101	Mit einem Verlust leben	142
Eine friedlichere Welt	102	Übung 24: Ein Schiff segelt davon	143
Übung 17: Die Oase des Friedens	103	Jenseits des Schmerzes	144
Der Atem des Geistes	104	Übung 25: Den Drachen beherrschen	145
Übung 18: Der glückselige Fischer	105	Die Fügungen des Lebens	146
Der meditative Pfad	106	Das Ende der Reise	148
Übung 19: Innere Wegweiser	109		
Yoga und die Kunst der Vereinigung	110	**Epilog**	
Gebet und Bestärkung	112	Eine neue Form der Anmut	150
Übung 20: Sicherheit vor der Flut	113		
Innere Einkehr	114	Bibliografie	154
Schlaf und Geist	116	Register	155
		Weitere Informationen und Dank	160

Energien der Liebe — 118

Die Kunst der Selbstlosigkeit	120
Übung 21: Geben lernen	121
Von Angst zu Liebe	122
Übung 22: Der verzauberte Wald	125
Leidenschaft und Enthusiasmus	126

Einleitung

Vor beinahe 20 Jahren befand ich mich gemeinsam mit mehr als 100 Menschen bei einer Meditation auf dem Mount Abu im Nordwesten Indiens. An diesem sonnendurchfluteten Abend erlebte ich meine tiefste spirituelle Erfahrung. Für 20 Sekunden, die mir wie eine Ewigkeit erschienen, wurde ich von einem weißen Licht durchdrungen, das ich nur als reinen Geist beschreiben kann. Die ganze Welt, sogar mein eigener Körper, verschwand. Ich spürte, dass ich selbst die Quelle des Lichts war, das sich vertraut und unbeschreiblich schön anfühlte. Eine lautlose Stimme übermittelte mir drei Dinge, die sich kaum in Worte fassen lassen: *Willkommen daheim, deine Suche ist vorüber* und *Ich liebe dich*. Ich hatte das überwältigende Gefühl, meinen liebsten, innigsten Freund nach 1 000 Jahren wieder zu treffen. Die Intensität der Liebe, die mich erfüllte, werde ich niemals vergessen.

Dieses Erlebnis veränderte mein Leben. Seit damals stehen für mich der Geist und die spirituelle Entwicklung im Mittelpunkt all meines Tuns. Was mich so tiefgreifend veränderte, war nicht nur die Begegnung mit einem Wesen, das ich für die Quelle des Geistes halte, sondern das Erwachen einer tiefen Einsicht in unsere wahre Natur. Ich erkannte, dass ich nicht irgendwo in meinem Körper Seele oder Geist habe – nein, ich *bin* Seele, ich *bin* Geist! Mit zunehmender Übung in der Kunst der Meditation trugen meine Bemühungen bescheidene und zugleich süße Früchte. Ich erfuhr meine eigene Ewigkeit und erkannte unsere Unvergänglichkeit als spirituelle Wesen. Die Freiheit von Angst und das Erblühen eines inneren Friedens, ließen mein Bewusstsein für die innere Schönheit des Geistes wachsen.

Obwohl viel über spirituelle Wahrheit gesagt und geschrieben wurde, sind nur wenige Menschen durch eine solche Erfahrung gestärkt. Es gibt zwei Hauptursachen für die geistige Armut unserer heutigen Welt. Zum einen gibt es unzählige Ängste, was sich an den vielen gewalttätigen Konflikten zeigt. Zum zweiten ist jeder Mensch auf der Suche, auch wenn er sich dessen nicht bewusst ist. Hinter dem Konsum von Filmen, Musik und exotischen Speisen, hinter dem Streben nach Aufstieg, Macht, Reichtum und Besitz, hinter dem

Einleitung

Heischen nach Aufmerksamkeit, Akzeptanz und Bestätigung steht die menschliche Seele, die nach den drei wichtigsten Erfahrungen unserer Existenz sucht: nach Liebe in unseren Beziehungen, Glück im Alltag und Frieden für unsere ruhelose Natur. Doch häufig ist diese Suche nach außen gerichtet. Deshalb übersehen die meisten das spirituelle Paradoxon unserer Zeit – wir besitzen alles, was wir suchen. Wenn wir uns als das erkennen, was wir sind – Seele statt Körper, Geist statt Materie – werden wir unsere spirituellen Kräfte entdecken. Liebe, Glück und Frieden verlassen uns niemals: *wir* verlassen *sie*, wenn wir uns unserer spirituellen Identität nicht bewusst sind. Diese Kräfte sind die Quelle wahren Reichtums und echter Freude, die größten Geschenke, die wir einander geben können.

Die Texte und Übungen in diesem Buch sollen Ihrer Suche eine Richtung geben: nach innen, zu Ihrem wahren, spirituellen Ich, aufwärts, zur Vereinigung mit der spirituellen Quelle, dem Einen, der geduldig und liebend wartet, um Sie nach Hause zu geleiten, und schließlich auswärts, um die Wiederentdeckung Ihres inneren Friedens mit der Welt zu teilen.

Mike George

Prolog

Der spirituelle Weg

Der Weg zu spirituellem Bewusstsein ist eine Reise, und zwar die wichtigste Ihres Lebens, doch sie dauert nicht ein Leben lang.

Man sagt häufig, dass Weisheit mit dem Alter einhergeht. Während die physischen Kräfte schwinden, nehmen unsere geistigen zu: Wir tauschen jugendliche Lebhaftigkeit gegen reifes Denken. Daher kommt die Vorstellung von weisen alten Personen, die ihr Wissen jungen Menschen anbieten, die natürlich weiterhin jugendlichen Unsinn begehen. Im Zusammenhang mit der spirituellen Suche ist diese Ansicht gefährlich, weil man annehmen könnte, man dürfe spirituelle Fragen auf ein höheres Alter verschieben. So gesehen könnten wir auch in den mittleren Lebensjahren, etwa in den 40ern und 50ern, jugendliche Marotten beibehalten, etwa unseren Ehrgeiz, unser Tempo, die Tendenz, uns Hals über Kopf in Projekte zu stürzen. Wenn wir die Arbeit am spirituellen Bewusstsein jedoch bis zum Lebensabend aufschieben, vergeuden wir unser Potenzial. Es ist niemals zu spät, doch angesichts der unschätzbaren Vorteile geistiger Wachheit, die den einzig möglichen Weg zu einem zufriedenen Leben darstellt, sollten wir sofort beginnen. Dieses Buch ist ein sanfter Aufruf dazu.

Spirituelle Suche erinnert in vielen Aspekten an eine Reise. Das Ziel liegt weit von dem entfernt, an das wir gewöhnt sind. Es mag Zeiten geben, in denen wir glauben, nicht weiterzukommen, weil sich die Landschaft nicht zu verändern scheint. Wir werden müde (weil wir natürlich zu Fuß gehen) und wünschen, wir hätten niemals begonnen. Manchmal vermissen wir unser Zuhause. Wir kommen schneller voran, wenn wir mit leichtem Gepäck reisen.

Trotzdem unterscheidet sich die spirituelle Suche fundamental von jeder geografischen Veränderung, vor allem, weil wir nach etwas suchen, das uns bereits gehört hat, etwas Einfaches und leicht Zugängliches, das wir jederzeit wieder entdecken können. Wir neigen dazu, uns die lange, mühsame Fahrt der Pilger vorzustellen, deren Anstrengungen wir für wahre Spiritualität halten. Diese gedankliche Falle beruht auf der Ansicht *Ohne Fleiß kein Preis*, wonach leicht errungene Erfolge nichts wert sein können. Stellen Sie sich besser vor, dass Sie auf Ihrer spirituellen Reise keine Distanz zurücklegen müssen. Sie ist mehr Sein als Tun, mehr Bleiben als Gehen, weil die Entdeckungen unmittelbar vor uns liegen. Die einzigen Hindernisse sind negative Gedanken wie *Das kann ich nicht* oder *Das ist zu*

Der spirituelle Weg

schwierig und *Ich werde immer so sein.* Wenn Sie dieses Buch durcharbeiten, spüren Sie vielleicht plötzlich eine innere Veränderung, eine Einsicht, die Sie nicht beschreiben können. Wahrscheinlich wird dieses Gefühl nicht lange anhalten, denn bei Ihrer spirituellen Suche werden Sie mehrmals Ihr Ziel erreichen und dann wieder in eine frühere Phase zurückfallen. Eines Tages werden Sie erkennen, dass Sie am richtigen Ort sind, den Sie niemals mehr verlassen werden: Sie werden Liebe und Frieden verspüren, und auch wenn Sie noch vieles lernen und geben müssen, wissen Sie dennoch, dass das Ihre Bestimmung ist.

Dieses Buch umfasst folgende Themen: Sinn ins Leben bringen (Seite 14-39); Einführung in spirituelles Wachstum anhand der Jahreszeiten (Seite 40-49); Wie man echtes Selbstwertgefühl findet (Seite 50-65); Die Befreiung des Selbst von Verführung und Ablenkung (Seite 66-79); die spirituelle Bedeutung von Natur, Kunst und Musik (Seite 80-97); Wie man Frieden findet (Seite 98-117); Wie man Liebe findet (Seite 118-139); Mit den Schwierigkeiten des Lebens umgehen (Seite 140-149). Die Zusammenfassung (Seite 150-153) beschreibt spirituelles Bewusstsein als Basis von Charakter und Reife. Die folgenden Seiten (Seite 12-13) enthalten ein Glossar von Begriffen, die in diesem Buch verwendet werden. Jedes Kapitel kann für sich selbst gelesen werden, ist jedoch zugleich Teil eines Programms spiritueller Entwicklung.

Prolog

Die Sprache des Geistes

Viele von uns besitzen ein instinktives Verständnis des Geistes, unserer Lebenskraft und unseres Seins. Wir können sensibel für andere sein, doch wie können wir das Unfassbare in Worte kleiden?

Bestimmte Schlüsselbegriffe begegnen uns in diesem Buch immer wieder. Hiermit möchte ich sie wie *handelnde Figuren* eines Theaterstücks einführen. Neben jedem Begriff stehen Notizen, wie sie ein Schauspieler machen könnte, der diese Rolle übernimmt. Sie sind nicht als umfassende Definitionen zu verstehen, sondern als Hinweise auf die charakteristischen Elemente im Drama des Geistes. Diese Worte werden uns helfen, die spirituelle Reise zu beschreiben.

Geist: Lebensenergie, ewig, unzerstörbar. Die Seele. Eine einzigartige, bewusste Entität, die dem Menschen innewohnt und ihn belebt. Das Prinzip des Lebens. „Geist" und „der Geist" bedeutet dasselbe. Gleichzusetzen mit Selbst, Macht und Liebe, weil diese Qualitäten unteilbar sind. Nicht: Ich habe Geist – ich *bin* Geist.

Spirituelles Bewusstsein: Selbst-Wissen und Akzeptanz. Eher durch Geist leben als durch das Ego. Bindungen überwinden. Verstehen, dass der Kreis von Geburt, Leben und Tod nicht die einzige Realität oder das letzte Ziel ist. Bindung an die Quelle (die Gottheit) in höchster spiritueller Beziehung und Wissen darüber. Spirituelles Bewusstsein ist ein Prozess des Erwachens, eine Wiederentdeckung.

Ego: Wird mächtig, wenn das Selbst seine wahre Identität verliert. Wenn wir uns mit Dingen außerhalb unseres Selbst – wie Ansehen, Besitz oder Überzeugungen – identifizieren, erleben wir Furcht und Angst vor Schaden oder Verlust: Wir „leiden" an Egotismus, d.h. wir suchen ein Höchstmaß an individuellem Glück im Diesseits.

Liebe: In höchster Form das natürliche Fließen von wohlwollenden Gefühlen gegenüber allen Menschen. Positive Energie des Geistes. Tiefes Gefühl der Fürsorge – eins sein mit allen und allem, während das Bewusstsein für das individuelle Selbst fortbesteht.

Karma: Gesetz der Wiederkehr. Energien kehren zu uns zurück, Fehler als negative Energien. Liebe zu geben bereichert uns unendlich. Nach östlichem Denken ergibt sich unsere Stellung in diesem Leben aus den physischen und mentalen Handlungen in früheren Leben. Gegenwärtiges Handeln beeinflusst zukünftige Inkarnationen. Natürliches Gesetz von moralischer Ursache und Wirkung.

Die Sprache des Geistes

Selbst, Welt und Geist

Die Bewegung des Geistes in der Welt gleicht der Choreografie im Tanz. Es gibt unendlich viele neue Schritte zu den stets wechselnden Rhythmen, doch der Geist – das Herz unseres Selbst – bleibt unverändert, er ist von Charakter und Tempo der Musik unabhängig.

Unser Körper ist für unsere Identität nebensächlich. Deshalb sollten wir den modernen Schönheitskult skeptisch betrachten. Auch unsere diversen Rollen und die zufälligen Umstände unseres Lebens definieren nicht unsere Essenz. Wir sind ganz einfach Geist. Wenn wir das erkennen, werden wir einige grundlegende Missverständnisse in unseren Beziehungen zu anderen Menschen, zur Zeit, zu Veränderungen und zu all den Phänomenen der Welt, wie wir sie durch unsere Sinne aufnehmen, entdecken. Das Verstehen des Geistes lehrt uns, die Vernunft, die durch die empirische Tradition der Wissenschaft in der westlichen Welt überschätzt wird, aber auch die Gültigkeit von Gefühlen, die nur dem Ego dienen, zu hinterfragen.

Wenn wir in uns selbst hineinsehen, werden wir die Realität des Geistes wieder entdecken. Dieses Selbst-Verständnis sollten wir als Kompass für unser Leben nehmen, dann werden wir lernen, kreativer, liebevoller und friedlicher zu leben. Wir werden auf unsere Intuition vertrauen und im Wissen um unseren zunehmenden geistigen Reichtum stets überzeugt und mit klarem Bewusstsein handeln.

Selbst, Welt und Geist

Chaos und Sinn

Was ist der Sinn des Lebens? Mit dieser Frage haben sich Philosophen seit Jahrhunderten beschäftigt. Die Antwort finden wir jedoch nicht durch intellektuelle Überlegung, sondern nur durch intuitive Erfahrung. Wenn wir zu spiritueller Wahrheit erwachen, werden alle philosophischen Fragen irrelevant. Der Sinn des Lebens liegt in der Realität unserer Erfahrung als spirituelle Wesen.

Auf dem tiefsten spirituellen Niveau erscheint die Welt unverständlich und daher Angst erregend. Welche Prinzipien geben den scheinbar willkürlichen Phänomenen rund um uns, all den natürlichen und sozialen Vorgängen einen Sinn? Welches klare Ziel kann unser Leben inmitten eines solchen Chaos haben? Wie schön wäre es doch, wenn ein Ziel, das wir verfolgen, der Zufälligkeit der Welt, den brodelnden Verwicklungen von Veränderung und Schicksal einen Sinn gäbe.

Treten Sie zum Einstieg in diese großen Fragen ein Stück zurück vom Alltag und stellen Sie sich die Welt als ein riesiges Netz von Ursache und Wirkung vor, das komplexen, aber identifizierbaren

Gesetzen folgt. Auf diese Weise erkennen wir, dass scheinbar nebensächliche Ereignisse in Wirklichkeit Teil universeller Notwendigkeiten sind: was passieren kann, wird passieren. Gegen das Schicksal anzukämpfen, zu wünschen, die Dinge wären anders, ist sinnloses Vergeuden spiritueller Energie.

Spirituelles Bewusstsein hilft, den Sinn der Welt zu erkennen. Denn der Geist ist das Ordnungsprinzip, das Licht, das den wahren Sinn dessen enthüllt, was sonst als Chaos erscheint. Wie ein Spiegel, der keine Funktion hat, bis jemand hineinblickt, ergibt auch die Welt keinen Sinn, wenn sie nicht beobachtet und in einem Moment der Erleuchtung verstanden wird. Interpretiert durch das Ego erscheint die Welt chaotisch und sinnlos, weil sie sich den Wünschen des Ego nicht beugt. Durch den Geist gesehen wird die Welt logisch, und das Leben ist die Entfaltung von Energie innerhalb der äußeren Umstände. Durch Energie werden alle wichtigen Veränderungen begreifbar: Wir müssern nur lernen, eine Welt zu akzeptieren, die einen spirituellen Sinn ergibt.

Chaos und Sinn

Übung 1
Muscheln finden

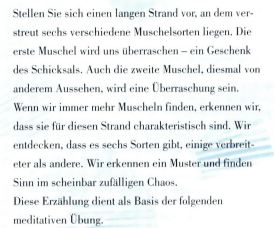

Stellen Sie sich einen langen Strand vor, an dem verstreut sechs verschiedene Muschelsorten liegen. Die erste Muschel wird uns überraschen – ein Geschenk des Schicksals. Auch die zweite Muschel, diesmal von anderem Aussehen, wird eine Überraschung sein. Wenn wir immer mehr Muscheln finden, erkennen wir, dass sie für diesen Strand charakteristisch sind. Wir entdecken, dass es sechs Sorten gibt, einige verbreiteter als andere. Wir erkennen ein Muster und finden Sinn im scheinbar zufälligen Chaos.
Diese Erzählung dient als Basis der folgenden meditativen Übung.

Das Muster der Segnungen
Blicken Sie auf die Segnungen in Ihrem Leben zurück – etwa Begegnungen mit inspirierenden Menschen oder erhebende Erlebnisse in der Natur. Verfolgen Sie das Muster, das diese Segnungen ergeben, durch Ihr Leben. Visualisieren Sie die nächste inspirierende Person, der Sie begegnen werden: Wie wird er oder sie sein? Oder die nächste erhebende Landschaft: Wird sie bewaldet, baumlos, hügelig oder gebirgig sein? Meditieren Sie einige Minuten über diese imaginären Segnungen. Beenden Sie die Übung, indem Sie über die positiven Muster in Ihrem Leben nachdenken.

Selbst, Welt und Geist

Wahrnehmung und Realität

Im Alltag reagieren wir oft aus Gewohnheit auf die materielle Welt. Zum Beispiel stellen wir uns den Himmel als Hintergrund der Landschaft vor, als zweidimensionale Fläche. Vielleicht wissen wir, dass der Himmel blau ist, weil das die Farbe des Lichts mit der größten Wellenlänge ist, das als einziges nicht von der Atmosphäre aus dem Sonnenlicht gefiltert wird. Wir nehmen diese wissenschaftliche Erkenntnis hin, ohne dass sie Einfluss auf unsere Handlungen hat. Wahrnehmung wird Gewohnheit.

Viele spirituelle Traditionen betrachten unsere Unfähigkeit, klar zu sehen, als Teil des Menschseins. Im Hinduismus ist die Wahrnehmung der materiellen Welt Illusion, *maya*. Der Kosmos ist ein Traum des Schöpfergottes Brahma. Diesem Glauben zufolge sind alle Dinge eins, rationale Kategorien haben als Konstrukte des Verstandes keine Realität.

Aus zwei Gründen darf man dem Anschein nicht trauen. Einerseits sind wir zwar physiologisch so konstruiert, dass wir glauben, was wir sehen, doch das bedeutendste Element, der Geist, ist mit keinem unserer Sinne sondern nur durch Intuition zu erfassen. Andererseits verschleiert unser Ego mit seinen Wünschen, Hoffnungen und Ängsten oft die Realität durch sein dunkles Streben nach Selbstbestätigung.

Subjektivismus – die Idee, dass die materielle Welt nur existiert, wenn sie jemand mit seinen Sinnen wahrnimmt – ist zentral für die westliche Philosophie. Wenn wir den Apfelbaum im Garten nicht ansehen, hört er auf zu existieren. Einigen christlichen Philosophen zufolge existieren sogar wir selbst nur aufgrund der ständigen göttlichen Beobachtung. Hier finden sich zwar zufällige Parallelen mit dem Begriff *maya*, doch der gesamte Subjektivismus kann genauso gut umgedreht werden: Das Ungesehene ist die wahre Realität. Auch wenn uns die verschiedensten Dinge Vergnügen bereiten, die größte Freude kommt aus dem Begreifen des Unsichtbaren.

Der Geist spendet uns Erfüllung, die weit über das mit Sinnen erfassbare Spektrum hinausgeht.

Wahrnehmung und Realität

Übung 2

Fenster zum Wunder

Gewohnheiten prägen unser Leben. Wenn wir eine vertraute Straße entlanggehen, registrieren wir viele Merkmale nicht mehr: Die Wahrnehmungen verlieren an Frische. Doch wir können den Eindruck von Neuheit wieder erwecken. Das mag uns der spirituellen Realität nicht näherbringen, doch es bereitet uns darauf vor, Dinge in anderem Licht zu sehen – indem wir alte Gewohnheiten ablegen, öffnen wir uns für spirituelle Offenbarung.

Gestalten enthüllen
Versuchen Sie, einen vertrauten Gegenstand, etwa eine Teekanne oder eine Lampe, nur als Objekt ohne Funktion zu sehen. Betrachten Sie Farbe und Gestalt. Woraus besteht es? Besitzt es innere Schönheit? Wie würde es erscheinen, wenn sein Gebrauch unbekannt wäre?

Neue Perspektiven
Legen Sie sich an einem trockenen, sonnigen Tag in einem Park auf den Rücken und betrachten Sie die Welt aus dieser neuen Perspektive. Passanten sehen Sie kopfüber, Blumen von der Seite. Bedenken Sie, dass eine Veränderung des Blickwinkels nicht die Realität selbst verändert. Doch Sie könnten Dinge so sehen, wie Sie sie noch nie zuvor gesehen haben. Eine neue Perspektive schenkt Ihnen Momente des Staunens.

Selbst, Welt und Geist

Die vier Säulen

Visualisieren Sie vier starke weiße Säulen, die eine reich mit Speisen gedeckte Tischplatte halten. Wenn eine der Säulen nachgibt, wackelt der Tisch oder kippt sogar. Wenn eine beschädigt oder kürzer als die anderen ist, ist die Balance gestört. Auf vergleichbare Weise basiert auch das wahre spirituelle Leben auf vier starken und gleich wichtigen Säulen: Gyan, Yoga, Dharna and Seva.

Gyan

Gyan ist Wissen und Studium. Kenntnis des eigenen Selbst und ein höheres Verständnis von uns als Geisteswesen und als unzerstörbare Punkte spiritueller Energie befähigen uns zu spirituellem Fluss.

Wir sind Friede und haben eine ewige und persönliche Verbindung mit der Quelle. Diese Teile machen uns zu einem Ganzen.

Studium ist lebendig und stets veränderlich. Wir untersuchen, wie unsere Gedanken entstehen, wie unser Gedächtnis arbeitet, wie wir Entscheidungen treffen. Dazu beobachten wir unsere Denkmuster. Unser Denken strukturiert unsere Wahrnehmung auf eine bestimmte Weise, doch wir können alte Gewohnheiten auch bewusst verändern. Durch die Reflexion, die die Grundlage des Studiums bildet, entsteht Verständnis für uns selbst und für andere. Das ermöglicht es dem Geist, Einsichten zu sammeln und deren Konsequenzen zu akzeptieren.

Yoga

Yoga ist die Disziplin, den Intellekt und die Sanskars, die bisher gesammelten Eindrücke, zu meistern. Meditation stoppt Gedanken nicht, sondern schafft die richtige Art von Gedanken. Wir sind Seele und Licht. Wir verkörpern spirituelle Energie. Wir senden Friede und Liebe aus. Durch Meditieren erreichen wir echtes Selbst-Bewusstsein, das uns zum strahlenden Licht unseres ursprünglichen und wahren Seins zurückbringt.

Meditation bringt ein inneres Licht zum Leuchten, durch das wir Gedanken, Handeln und Welt klarer wahrnehmen. Der Intellekt wird schärfer und tiefer. Gewohnheiten und Ego verlieren sich.

So gewinnen wir eine neue, direkte Einsicht in uns selbst als Geist. Wir betrachten das Leben

Die vier Säulen

aus einer neuen Perspektive und erlangen tiefes Wissen, das nicht auf formalem Lernen gründet. Dieses Ziel erreichen wir durch Achtsamkeit (siehe Seite 86). Durch Selbstbeobachtung sehen wir klarer. Ein Moment der Einsicht ist ein persönliches Erlebnis, ein Geschenk der Meditation.

Dharna

Dharna ist die Assimilation göttlicher Tugenden, die stets in uns sind und durch einen Akt bewussten Erinnerns ausgedrückt werden können, wann immer wir wollen. Aus einem Zustand innerer Ruhe können wir das Ego und seine Begleiter zerstören, Zorn, Neid, Lust und andere destruktive Emotionen auslöschen und Weisheit, Mut, Wahrheit, Friede, Liebe, Geduld und Akzeptanz erkennen. Wenn die Umstände es erfordern, können wir anderen vergeben – auch uns selbst.

Aufmerksamkeit gegenüber Momenten der Güte entzündet die Flamme des Selbst-Bewusstseins neu und liefert uns die Funken, die wir benötigen, um den Weg zum Licht fortzusetzen. Überdenken Sie den vergangenen Tag im Abendlicht. Welche Tugenden konnten sich entfalten?

Seva

Seva bedeutet Dienen, die Einsicht, dass wir teilen müssen, was immer wir auch besitzen und für wertvoll halten. Die höchste Form ist es, weiterzugeben, was wir durch unser Wissen um uns als Geist gelernt und errungen haben. Auf unserer spirituellen Reise erwecken wir andere, sodass auch sie am Licht teilhaben können.

Die Bedürfnisse anderer über unsere eigenen zu stellen, ist die höchste Form von Führerschaft. Die höchsten *Seva*-Taten sind solche, die spirituelles Wachstum und Wohlbefinden anderer fördern. Wenn das spirituelle Dienen echt ist, braucht es weder Belohnung noch Anerkennung. Wir alle werden so zu potenziellen Führern.

Auf diesen vier Säulen beruht ein wahrhaft spiritueller Lebensstil. Jede Säule muss gleichmäßig gestärkt werden, um Symmetrie zu erlangen und um unser natürliches spirituelles Ziel zu unterstützen. Balance und Stärke bilden die Grundlage für kontinuierliche Erleuchtung und für unsere wachsenden Fähigkeiten, das Herz und den Verstand von anderen zu fördern.

Selbst, Welt und Geist

Kreativität und Geist

Sehr viele Menschen finden in ihrem Leben keine Erfüllung, weil sie nicht eigenständig sind. Sie übernehmen vorgefertigte Bilder, die sie umgeben. Im Fernsehen, im Kino und in der Presse gibt es so viele, dass der Anschein einer reichhaltigen Auswahl erweckt wird. Am Ende wird man süchtig nach den fertigen Mustern, in denen sich die Gesellschaft präsentiert und gibt die Möglichkeit auf, sich selbst zu entwickeln. Das ist tragisch, da es die Verantwortung des Verstandes für seine Entwicklung vernachlässigt. Jeder Gedanke ist ein Schöpfungsakt. Wenn er nicht sofort ignoriert oder verworfen wird, hat er Einfluss auf die Welt. Viele Menschen leben, als ob die Zukunft vorbestimmt wäre – als ob sie die Folgen von Ereignissen nicht kontrollieren könnten. Solche Ansichten negieren den Visionär in uns selbst, jenen Teil des Verstandes, der seine Bestimmung festlegen und verwirklichen kann. Wir denken, dass kreative Menschen ihr Talent geerbt oder ihre Fähigkeiten durch lange Praxis erworben haben. Wenn wir malen, schreiben oder gärtnern, mögen unsere Erfolge bescheiden sein. Doch das allergrößte Betätigungsfeld der Kreativität ist der menschliche Verstand. Wir alle haben die Fähigkeit, Originelles zu erdenken, und wir können dieses Potenzial täglich nutzen. Ein Teil des Geheimnisses ist es, entspannt und zuversichtlich zu sein.

Denken Sie an einen guten Freund. In einer beidseitigen, entspannten Freundschaft gibt es Kreativität in den Gesprächen, Plänen und Erzählungen. Diese Form von ruhiger, vertrauter Verbundenheit inspiriert die Fantasie, die ein Geschenk des Geistes ist. Auf dem Weg zu spirituellem Bewusstsein entwickeln wir ein entspanntes Selbst-Vertrauen, das unsere Kreativität beflügelt. So finden wir auch das unschätzbare Geschenk unserer besten Gedanken, die den Augenblick überdauern und nicht weniger wertvoll sind als kostbare Kunstwerke.

Mache das sichtbar, was ohne dich vielleicht niemals gesehen wird.

Robert Bresson (geb. 1907)

Kreativität und Geist

Übung 3
Neue Perspektiven

Selbstzweifel und Faulheit sind wahrscheinlich die hartnäckigsten Feinde der Kreativität. Es ist sicherer und einfacher, still zu sein und sich unterhalten zu lassen, als die Stimme zu erheben und an seiner eigenen Botschaft zu arbeiten. Hier sind Vorschläge, wie Sie Ihre eigene Art, die Welt zu sehen, schaffen können.

In Bildern denken
Gewöhnen Sie sich an, in Bildern zu denken, um Ihre Fantasie zu erweitern. Fragen Sie sich zum Beispiel, ob ein Freund Eigenschaften eines bestimmten Tieres hat – vielleicht ist er majestätisch und selbstsicher wie ein Löwe, leichtfüßig und graziös wie eine Gazelle oder verspielt und gesellig wie ein Delphin. Durch visuelles Denken erschließen sich häufig Einsichten, die der Vernunft und der Sprache nicht zugänglich sind.

Der Fluss des Bewusstseins
Fördern Sie Ihre Kreativität, indem Sie ein „Tagebuch des Bewusstseins" anlegen, das mit dem Aufwachen beginnt. Schreiben Sie genau das nieder, was Sie denken, ohne Zensur oder Redigieren. Schreiben Sie so schnell wie möglich, um Ihre interne Kritik auszuschalten. Das Geschriebene muss keinen Sinn ergeben. Dieser wird sich einstellen, wenn Sie es eines Tages wieder lesen.

Selbst, Welt und Geist

Vernunft und Intuition

Intuition, nicht die Vernunft, ist die natürliche Weisheit des Geistes. Die Vernunft allein würde gegen die Existenz des Geistes argumentieren. Reine Vernunft sieht verbündet mit der materialistischen Wissenschaft das Selbst als komplexe, neuroelektrische Ladung, als unzählige Impulse, die durch unser Nervensystem rasen. Diese Sicht macht uns zu Gefangenen einer materiellen Welt, zu maschinellen Gespenstern.

In Wahrheit sind wir frei. Wir müssen nur die Tür unserer Zelle aufstoßen, um in das reine Licht des Seins zu treten. Was uns diese Freiheit zu Bewusstsein bringt, ist Intuition, oft sechster Sinn genannt. Das ist eine sehr passende Bezeichnung, weil Intuition, wie unsere anderen fünf Sinne, eine unmittelbare Quelle von Information ist. Sie versorgt uns aber nicht nur mit rohen Daten, sie ist die uns innewohnende Kraft des Wissens, die augenblickliche Erkenntnis einer Situation – wie ein klarer Fluss der Weisheit, der vom Geist zum Bewusstsein fließt.

Der Vernunft Allmacht zuzuschreiben ist ebenso Götzenanbetung wie das Verehren von Stock und Stein als Gottheiten.

Mahatma Gandhi
(1869–1948)

Die Intuition sagt uns auch, dass das Selbst als primäre Einheit existiert. Anders zu denken würde unsere Existenz auf eine Leere reduzieren und uns den Kompass rauben, mit dem wir durch das Leben steuern. Instinktiv wissen wir, dass wir einen solchen Kompass besitzen, unser Selbst, das nicht materiell ist – selbst wenn Aspekte unserer Persönlichkeit von außen beeinflusst sein mögen. Mittels Intuition erkennen wir unsere Lebendigkeit und unsere Individualität.

Welche Rolle spielt also die Vernunft? Wenn die Erkenntnis des Geistes intuitiv ist, macht das die Vernunft zum Feind spirituellen Bewusstseins? Nicht unbedingt. Der englische Philosoph Thomas Hobbes glaubte im 17. Jahrhundert, dass es die Aufgabe der Vernunft sei, den Emotionen zu dienen, was natürlich zynisch ist, weil es die Selbsttäuschung predigt. Doch Hobbes hatte sicherlich darin recht, dass die Vernunft oft missbraucht wird. Positiv gesehen ist die Vernunft eine ausgleichende, eher kontrollierende als krea-

Vernunft und Intuition

tive Kraft. Wir brauchen sie im Alltag zum Abwägen unserer Entscheidungen, um die Wirkung einer Ursache abzuschätzen und die Ursache einer Wirkung festzustellen. Doch die Vernunft muss der Intuition untergeordnet bleiben, damit sie uns nicht in die falsche Richtung führt.

Ein Beispiel für angewandte Intuition ist die Arbeitsweise des Bewusstseins. Wenn wir uns falsch, entgegen der spirituellen Wahrheit verhalten, warnt uns die Stimme des Bewusstseins. Wir können diese Stimme ignorieren, indem wir die Vernunft als Verbündete des Ego zur Rechtfertigung heranziehen. Doch der intuitive Protest des Bewusstseins wird anhalten. Wir können entweder diesen Rat unterdrücken oder unseren Kurs ändern und den Fehler korrigieren. Nur so wird sich spiritueller Friede einstellen.

Wenn wir uns selbst als spirituelle Wesen denken, erkennen wir, dass Intuition uns mit dem Herzen unseres Seins verbindet, was die Vernunft nicht vermag. Während Vernunft Menschen oft trennt, verbindet die Intuition. Wenn wir uns auf den sechsten Sinn eines Menschen einstellen, erfolgt nahezu sofort Gleichklang. Doch wenn wir diese Verbindung mit Worten, den Werkzeugen der Vernunft, beschreiben wollen, flieht sie – wie ein Schmetterling, auf den wir noch einen Blick erhaschen, bevor ihn der Wind davonträgt.

Selbst, Welt und Geist

Emotion und Gefühl

Auch wenn die Worte „Emotion" und „Gefühl" häufig synonym verwendet werden, gibt es einen fundamentalen Unterschied. Eine Möglichkeit, ihn zu verstehen, ist die Analogie mit dem Sehen: Emotionen sind blind, Gefühle erkennen.

Emotionen, die aus dem niederen, physischen Teil unserer Natur stammen, sind unkontrollierbar und häufig destruktiv. Wir sprechen von einem „Anfall" von Leidenschaft, vom „Würgegriff" der Angst oder davon, „außer sich" zu sein. Emotionen kommen wie ein Sturm aus dem Nichts über uns und hinterlassen uns oft erschüttert. Wenn wir anschließend zurückblicken, erkennen wir, dass wir nicht wir selbst waren. Unsere spirituelle Natur wurde in Geiselhaft genommen. Der Geiselnehmer ist das Ego, das seine Bluthunde, die Emotionen, effektvoll losgelassen hat.

Es ist leicht zu erkennen, dass wir lernen müssen, negative Kräfte wie Zorn und Eifersucht zu kontrollieren, bei denen wir uns schlecht fühlen. Schwieriger ist es zu akzeptieren, dass auch Emotionen wie Leidenschaft, Triumph und Stolz, bei denen wir uns gut fühlen, destruktiv sind. In Wahrheit sind alle Emotionen das Resultat von Bindungen, die uns von unserer spirituellen Basis wegführen, hin zu einer Welt egoistischer Reaktionen. In diesem Prozess werden wir entwurzelt, das Selbst wird geschwächt, und wir verlieren etwas von unserer wahren Identität.

Pausen des Gefühls sind die einzigen Orte auf der Welt, wo wir direkt verstehen und wahrnehmen, wie Ereignisse geschehen.

William James
(1842 – 1910)

Emotionen können ansteckend sein. Wenn wir jemanden erreichen wollen, der von Emotionen überwältigt wird, können wir das nur dann tun, wenn wir die Emotionen nicht an uns heranlassen. Da Emotionen negative Energien sind, riskieren wir unsere positive Lebenskraft, unsere innere Ruhe, die die Basis all dessen ist, was wir zu bieten haben.

Liebe wird oft als höchste Emotion gesehen. Tatsächlich überwindet wahre Liebe ihre emotionalen Wurzeln und beginnt, Kraft und Wesen aus dem Geist zu beziehen. In den Anfängen einer Beziehung bedeutet „Liebe" aber oft Begehren, Bindung und Abhängigkeit.

Emotion und Gefühl

Emotion ist Erregung. Gefühl hingegen ist Wahrnehmung. Mit Gefühl suchen wir durch intuitive Fähigkeiten nach Werten. Spirituell bewusst sind wir imstande, klar zu fühlen. Gefühl ist der warme, zarte Weg zur Wahrheit, in der Mitte zwischen der Hitze der Emotionen und der Kälte des Intellekts.

Ein Beispiel soll das verdeutlichen. Erinnern Sie sich daran, wie Sie jemanden das erste Mal trafen. Ihr Intellekt sagte Ihnen, dass Sie eine Ansammlung biografischer Umstände und persönlicher Meinungen kennenlernten. Emotional haben Sie etwas zwischen Abneigung und Anziehung erlebt. Doch was haben Sie gefühlt?

Welche Energien wurden ausgetauscht? Eine Begegnung hinterlässt oft ein unauslöschliches Gefühl, das anzeigt, dass ein Geist den anderen getroffen hat. Gefühle sind die Antennen, die die Bedeutung von Begegnungen registrieren.

Um nicht in Emotionen zu ertrinken, müssen wir sie beherrschen und uns über sie in das Reich der Gefühle erheben. Durch das Entwickeln spirituellen Bewusstseins ist das möglich. Wenn wir wahrhaft spirituell sind, sind wir vor den zerstörerischen Effekten der Emotionen sicher, die sich dann in ihrer eigenen Unwichtigkeit auflösen. Wie sehr wir uns gegen Emotionen immun fühlen, ist ein Test für unsere spirituelle Stärke.

Selbst, Welt und Geist

Zeit und Zeitlosigkeit

Die Zeit ist eine menschliche Erfindung – ein Konstrukt, das uns glauben lässt, der Fluss des Lebens wäre messbar. Wir sind nicht zufrieden damit, einfach nur zu leben: Wir fühlen uns gezwungen, Vergangenheit und Zukunft zu quantifizieren und mit Uhren sogar den metaphysischsten Aspekt der Realität zu skalieren.

Viele von uns sind gar nicht handlungsfähig, ohne die genaue oder ungefähre Uhrzeit zu kennen. Das Problem besteht darin, dass diese starke Abhängigkeit von der Zeit uns zu Sklaven der Uhr macht und unsere Fähigkeit behindert, den Augenblick zu erleben. Fortgeschrittene Mystiker können mittels Meditation den Fluss der Zeit in ihrem Bewusstsein anhalten und so die Erfahrung absoluter Gegenwart machen. Auch wir können Schritte gegen die Tyrannei der Zeit unternehmen und durch sie dem inneren Frieden näher kommen.

Ein Teil dieser Fähigkeit liegt darin, unseren Sinn für die Künstlichkeit der Zeit durch einige

fantasievolle Erwägungen zu stärken. Um zwei Uhr nachmittags könnten Sie gerade dieses Buch lesen, während ein Freund am anderen Ende der Welt im selben Moment (aber zu ganz anderer Zeit) einem Konzert lauscht. Während er sich ganz der Musik widmet, erlebt er jede Stelle so, wie sie passiert, obwohl der Wert der Musik ohne Zweifel im gesamten Erlebnis liegt. Es ist, als ob eine Welle des Lebens – des Lebens des Komponisten – durch ihn hindurchfließt. Wenn er die Musik schätzt, wird er nicht auf die Uhr sehen. Ist die Vorstellung vorüber, stirbt die Musik nicht oder hört auf zu existieren, doch ebensowenig strapazieren wir unser Gedächtnis, um sie noch einmal zu erleben. Hier gibt es viele Parallelen zum Leben. Jeder Moment wird genossen, wie er ist, doch am wichtigsten ist der Sinn des Ganzen. Die Zeit ist der Konzertsaal, in dem die Musik des Lebens gespielt wird. Die Musik des Geistes ist nicht messbar, und sie existiert unabhängig von den Spielern als Schönheit und Wahrheit.

Zeit und Zeitlosigkeit

Übung 4

Der Tag ohne Uhr

Wenn Sie die Chance auf einen Tag ohne Uhr bekommen, ergreifen Sie diese freudig. Am einfachsten ist das am Wochenende oder im Urlaub. Vielleicht bitten Sie Ihre Familie um Unterstützung, auch wenn sie weiterhin nach der Uhrzeit lebt. Das Ziel ist es, dem natürlichen Rhythmus von Hunger, Durst, Schlaf und Wachsein zu folgen. Ein uhrloser Tag muss nicht ohne Aufgaben verlaufen – sie haben bloß kein Zeitlimit.

1. Am Abend vor Ihrem ausgewählten Tag sollten Sie alle Uhren außer Sicht bringen und den Wecker abstellen. Lagern Sie genügend Vorräte ein, so dass Sie nicht von den Ladenöffnungszeiten abhängig sind.

2. Ihr Tag beginnt, wenn Sie aufwachen – mit dem Sonnenaufgang oder wenn Ihr Schlafpensum erfüllt ist. Folgen Sie dem Rhythmus Ihres Körpers. Entscheiden Sie, welche Dinge Sie vor dem Mittagessen erledigen wollen. Beschäftigen Sie sich damit so lange, bis Sie spüren, dass es Zeit ist zu essen. Sorgen Sie sich nicht, wenn Sie nicht alles, was geplant war, erledigt haben. Fokussieren Sie die Qualität jeder Tätigkeit. Widmen Sie sich ganz dem, was Sie tun. Denken Sie daran: Dieser Tag ist der Qualität gewidmet, nicht dem Messen und der Leistung.

Selbst, Welt und Geist

Veränderung

Zu Beginn des ersten Jahrtausends schrieb der römische Poet Ovid Worte, denen man schwerlich widersprechen kann: „Alles verändert sich, doch nichts wird ausgelöscht ... Es gibt nichts in der Welt, was dauerhaft ist. Alles fließt, alle Dinge entstehen mit wechselhaftem Wesen, und die Zeitalter selbst gleiten in steter Bewegung vorüber."

Veränderung löst Verschiedenes aus. Ein Teil von uns fürchtet Veränderungen in der äußeren Welt, weil sie Vertrautes gefährden. Ein anderer Teil wird von ihnen angezogen, weil sie uns stimulieren und anregen. Diese Teile sind bei verschiedenen Personen unterschiedlich stark ausgeprägt. Wir sind mit uns selbst unzufrieden und denken über die Veränderung unserer Einstellungen, unseres Verhaltens, ja sogar unserer Persönlichkeit nach. Dennoch richten wir uns nach dem, was wir von uns selbst wissen, und vermeiden bestimmte Situationen, weil wir wissen, dass wir darauf nicht gut reagieren.

Das ist die unaufgeklärte Betrachtung von Veränderungen als Problem. Wenn wir diese Angelegenheit jedoch aus spiritueller Perspektive betrachten, wird das Bild komplexer und zugleich beruhigender. Spannend bleibt es auch weiterhin.

Aus spiritueller Sicht sind Veränderungen die Essenz der materiellen Welt, der wir nicht entkommen können. Der griechische Philosoph Heraklit drückte es so aus: „Niemand badet zweimal im selben Fluss." Wenn wir uns den physischen Veränderungen widersetzen, entstehen Spannungen in uns selbst. Die einzige Möglichkeit sie zu vermeiden, liegt in der Einsicht, dass der unveränderliche Geist die Wellen von Veränderungen passiert wie ein Raumschiff den Asteroidengürtel und dass das natürlich und unvermeidlich ist. Die Asteroiden sind keine Feinde, denn sie sind neutral, aber sie können uns zum Anhalten oder Ändern der Route veranlassen und sie machen die Reise holprig.

Manche Veränderungen sind erfreulich: Es ist angenehm, auf einer Reise durch neue Reize stimuliert zu werden. Doch wenn unsere Vorliebe für Veränderungen zur Sucht wird, findet eine Verschiebung in uns selbst statt: Wir konzentrieren uns auf das Zufällige,

Veränderung

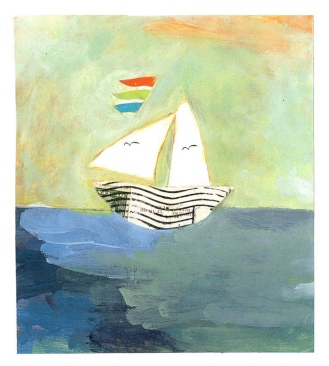

Materielle und vernachlässigen das Spirituelle. Das macht uns unfähig, mit unerwünschten Veränderungen umzugehen. Im nächsten Asteroidengürtel sind wir nur noch passive Rezipienten, die alles bereitwillig annehmen, was die Welt uns gibt. Viel größere Erfüllung erlangen wir, wenn wir der Welt etwas geben. Das ist die Essenz spirituellen Bewusstseins.

Wenn der Geist, der unserem Selbst entspricht, unveränderlich ist, ist dann die Idee der „Selbst-Verbesserung" nicht falsch? Nein, wir können uns selbst nur nicht zu etwas machen, was wir nicht sind. Doch wir sind viel mehr als wir annehmen, und dieses „mehr" zu finden ist das wahre Ziel unserer Suche. Erfolg kommt dabei durch Verlernen ebenso wie durch Lernen.

Wir müssen nicht anmaßender, extrovertierter oder kreativer werden. Das alles kann man sich aneignen, aber es ist nicht der Weg des Geistes. Oberstes Ziel ist zu erkennen, wer wir wirklich sind. Es ist die Bewegung vom Glauben daran, dass unsere Identität Geist ist und unsere Natur spirituell, zur tatsächlichen spirituellen Erfahrung. Wenn wir spüren, wer wir sind, stellen sich positive Veränderungen ein und erhellen unser Leben wie das Licht von einem fernen Stern.

Selbst, Welt und Geist

Das Selbst und die anderen

Stellen Sie sich vor, Sie gleiten auf einem Fluss, manchmal schwimmen Sie, manchmal treiben Sie. Ihr Körper absorbiert das Wasser nicht, obwohl er die Berührung spürt. Genauso verhält es sich mit unserem spirituellen Selbst: Wir schwimmen neben anderen im Fluss des Lebens. Wir spüren andere, doch wir sind nicht gleichgeschaltet. Wir mögen mit manchen mitfühlen, doch sie können uns nicht von unserer Bestimmung abbringen.

Friede, Liebe, Wahrheit, Stärke und Glück – das sind die Eigenschaften des Geistes. Wenn wir diese Qualitäten in uns selbst erwachen fühlen, kanalisieren wir sie nach außen und transformieren unsere Beziehungen, indem wir anderen das Geschenk unserer Energie anbieten. In all unseren Beziehungen findet ein Energieaustausch statt, und die höchste Form des Gebens ist bedingungslos: Wir messen weder, was wir geben, noch, was wir bekommen. Geben ist der Atem des Geistes.

Um die transformative Kraft zu spüren, müssen wir zunächst alle emotionalen Turbulenzen glätten, die unseren Verstand erregen könnten. Wir könnten etwa Angst haben, einen überfüllten Raum zu betreten oder ein besetztes Zugabteil. Was wir fürchten, sind die Emotionen, die Menschen in uns auslösen können. Wenn es so ist, leiden wir tatsächlich unter Angst vor der Angst.

Vielleicht sehen wir uns selbst mit den Augen anderer, statt durch das Licht unseres Geistes. Angesichts solcher Ängste können Bestärkungen sehr hilfreich sein.

Wiederholen Sie die folgene Bestärkung (laut oder leise), bis Sie die wahre Botschaft absorbieren: *Ich bin mein Prüfstein der Wahrheit und des Wertes, niemand ist wertvoller als ich. Was immer andere auch tun mögen, niemand kann mein wahres Selbst berühren, außer mit meiner Erlaubnis.*

Durch spirituelles Selbst-Bewusstsein erkennen wir, dass wir andere genauso wenig ändern können wie sie uns und dass wir auch kein Bedürfnis verspüren, das zu tun. Je mehr wir andere Menschen beeinflussen und kontrollieren wollen, umso weniger Einfluss haben wir tatsächlich auf sie. Stattdessen erzeugen wir in

> *Die höchste Lektion, die wir alle lernen müssen, ist bedingungslose Liebe, die nicht nur andere, sondern auch uns selbst umfasst.*
>
> Elisabeth Kübler-Ross
> (geb. 1926)

Das Selbst und die anderen

uns selbst Frustration, weil wir versuchen, das Unabänderliche zu ändern.

Kein Mensch kann wahrhaft und glücklich in Isolation leben. Wir mögen einen relativ einsamen Pfad wählen, doch es werden unsere Beziehungen sein, die die Qualität unseres Lebens bestimmen. Auch wenn wir unsere Freiheit schätzen, werden wir danach streben, anderen Energie zu spenden, was in Wahrheit der höchste Gebrauch unserer Freiheit ist. Wir teilen Energie und Frieden, wodurch Empfänger und Spender, also wir selbst, beschenkt werden.

Im Zustand echten Selbst-Bewusstseins haben wir kein Bedürfnis, andere zu beurteilen, zu attackieren oder zu kontrollieren. Die Angst davor, was andere in uns auslösen könnten, verliert sich im Wissen, dass wir eins mit ihnen sind, auch wenn sie sich dessen nicht bewusst sind.

Die Gesundheit aller unserer Beziehungen hängt von unserer Beziehung zu unserem Selbst ab, von unserem Bewusstsein des Geistes. Wenn wir dieses Bewusstsein pflegen, wird der Garten, den wir gemeinsam mit anderen bewohnen, von selbst erblühen.

Selbst, Welt und Geist

Grenzenlose Energie

Es gibt die Redensart von der „Nahrung für die Seele", doch es ist die Seele, die alle Aspekte des Lebens nährt. Das Ziel der spirituellen Reise ist nicht, etwas zu tun, um die Seele zu entwickeln oder zu verändern, sondern vielmehr das zu unterlassen, was ihr Blühen behindert. Unsere Aufgabe ist also nicht, mehr Macht oder Energie zu erlangen, sondern zu vermeiden, das zu verschwenden, was wir bereits haben. Die Seele pflegen heißt, das Selbst zu pflegen. Energie, die wir brauchen, ist in uns im Überfluss vorhanden.

Die Energie, die in und um uns fließt, ist flüchtig. Es gibt Menschen, die geben, und solche, die nehmen. Wenn es uns an spiritueller Stärke mangelt, werden wir anfällig für die negative Energie anderer. Wenn etwa ein Freund zornig auf uns ist und wir den Grund dafür nicht verstehen, haben wir Schuldgefühle, auch wenn wir von unserer Unschuld überzeugt sind.

Das andere Extrem sind außergewöhnliche Menschen, die so viel positive Energie verströmen, dass sie die Kraft haben, durch Berührung oder Annäherung Kranke zu heilen. Jeder, der spirituelles Bewusstsein erlangt hat, strahlt eine wohltuende Energie aus, die vielleicht nicht im physischen Sinne heilt, doch starke Kraft besitzt. In Anwesenheit solcher Ganzheit mögen andere ihre eigene spirituelle Schwäche spüren, als ob sie nach Stärkung rufen würde. Denken Sie an Freunde, deren sprühende Energie Sie aufheitert – sie geben, ohne es zu wissen, und sie haben die Fähigkeit, andere anzuregen. Umgekehrt kennen Sie sicher Menschen, deren negative Energien sie ermüden oder auslaugen würden, wenn Sie es erlauben.

Wenn wir anderen Menschen Energie spenden, tun wir es, ohne von ihnen etwas dafür zu erwarten – zumindest nicht direkt (wir werden es letztendlich durch Karma wiedererhalten, siehe Seite 130). Weil Energie sich selbst erneuert, werden wir durch unser Geben nicht ausgelaugt, sondern im Gegenteil erfrischt.

Grenzenlose Energie

Übung 5

Die Lebenskraft entdecken

Die östliche Lehre besagt, dass Lebenskraft oder Lebensenergie (chinesisch *chi*) entlang der sogenannten Meridiane durch den Körper fließt. Ist dieser Fluss unausgewogen oder blockiert, entstehen Krankheiten. In dieser einfachen Übung können Sie *chi* entdecken.

1. Stehen Sie aufrecht, Füße parallel in Hüftbreite, Kopf gerade, Knie leicht gebeugt, Arme lose hängend.

2. Legen Sie die Handflächen vor Ihrem Unterbauch aneinander. Stellen Sie sich vor, Ihre Hände würden einen Energieball halten. Halten Sie diese Position für zwei Minuten. Bewegen Sie Ihre Hände auseinander bis sie schulterweit entfernt sind. Stellen Sie sich vor, wie sich der Ball dabei ausdehnt. Eine Minute halten.

3. Stellen Sie sich vor, wie sich der Energieball komprimiert, wenn Sie Ihre Hände wieder zueinander bewegen. Wiederholen Sie diese Bewegung mehrmals. Ihre Finger könnten kribbeln, Ihre Hände wärmer werden. Vielleicht fühlen Sie im Bauch ein besonderes Energiezentrum.

4. Verkleinern Sie den Energieball, bis er in Ihren Bauch passt. Fühlen Sie, wie er zu einem hellen Punkt wird. Lassen Sie Ihre Hände los und schütteln Sie sie.

Selbst, Welt und Geist

Die Quelle des Geistes

Nach hinduistischem Glauben besteht *atman* (Sanskrit für Selbst oder individuellen Geist) zwar aus derselben Essenz wie *brahman* (Quelle des Geistes), ist aber etwas Unterschiedliches. Von dieser Vorstellung wurde auch der amerikanische Poet Walt Whitman im 19. Jahrhundert inspiriert, der glaubte, dass wahres Wissen aus der Einheit mit dem Selbst im universellen Sinn kommt. In Momenten der Einheit, die Whitman „Verschmelzen" nannte, sehen wir mit erhöhter Klarheit und können aus gewöhnlichen Dingen unendlich viele Lektionen lernen. Die essenzielle, ursprüngliche Göttlichkeit des Geistes impliziert die universelle Verantwortung für unsere Liebe zueinander.

Die Idee eines transzendenten Geistes oder einer Gottheit existiert in den meisten Religionen. Oft wird sie als Licht symbolisiert oder auch als Quelle beschrieben, als eine Art unerschöpfliches spirituelles Reservoir, mit dem wir alle verbunden sind. Diese Herleitung bringt die Vorstellung von Elternschaft ins Spiel – spirituell gesehen sind wir die Nachkommen der Quelle.

Stellen Sie sich diese drei Ideen gleichzeitig vor: Licht, Quelle, Eltern. Bedenken Sie aber auch, dass ein Bild, eine Analogie die wahre Qualität der Quelle nur annähernd erfassen kann. Sie ist, altmodisch ausgedrückt, „unsagbar erhaben" – zu groß, zu intensiv für Worte.

Wie die Sonne die physische Quelle des Lebens darstellt, so ist die spirituelle Quelle das Göttliche, das Ewige, das Allumfassende. Wir können die Realität dessen innerhalb unseres Geistes mit voller Überzeugung erkennen, doch wir können sie nicht mit Sinnen oder Vernunft beweisen. Mystiker haben ihren Kontakt mit dem Erhabenen häufig in einer kraftvollen und seltsamen Sprache ausgedrückt. Menschen, die Todesnähe erfahren haben, beschrieben oft eine Bewegung zu einem Licht am Ende eines Tunnels oder eine Begegnung mit einem prächtigen Glanz, der bedingungslose

Die Quelle des Geistes

Übung 6

Die vollkommene Vereinigung

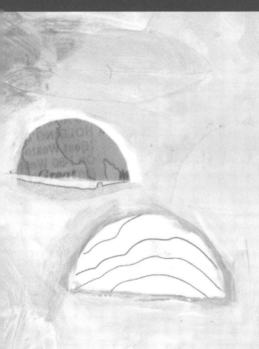

Diese Visualisierung lässt uns erleben, wie unendlich privilegiert und geliebt wir alle in unserer Beziehung zur Quelle sind. Suchen Sie einen ruhigen Ort auf.

1. Sammeln Sie Ihre Gedanken. Sie sind reiner Geist, der weit gereist ist und soeben den letzten Schritt nach Hause unternimmt. Zentrieren Sie sich selbst in Ihrer Stirn, knapp über und hinter den Augen. Stellen Sie sich vor, Ihr „flüchtiger Körper" aus Licht erhebt sich und lässt Ihren festen Körper zurück. Spüren Sie sich selbst aufsteigen, durch die Decke nach oben in den Himmel. Genießen Sie die Freiheit eines Vogels.

2. Vor Ihnen sehen Sie das Weltall in all seiner Pracht. Plötzlich werden Sie ein kleiner Punkt schimmernden, weißen Lichts: wie ein Komet rasen Sie an tausenden Galaxien vorbei. Dann bremsen Sie und betreten ein warmes goldenes Licht. Wie eine Decke aus sanftesten Daunen hüllt es Sie ein. Sie sind still und friedlich.

3. Der glühende Kern voller Liebe lädt Sie zum Näherkommen ein. Sie fühlen sich als besonderes Wesen erkannt. Die Reinheit der Liebe durchströmt Ihr Herz und heilt tausend Wunden. Sie beschließen zu bleiben und diese ruhige, liebevolle Wiedervereinigung zu genießen.

Selbst, Welt und Geist

Liebe und Akzeptanz ausstrahlt. Wenn wir den wahren Sinn der Quelle erfassen wollen, sollten wir nach innen sehen und nicht allzu viel auf die Erzählungen anderer zu geben.

Treten Sie ein in sich selbst und leben Sie in Ihrem Glauben an die Quelle, als ob diese ein wunderbarer, unendlich schöner Umhang wäre – ein Mantel von unbeschreiblicher Farbenpracht. Die Veränderung, die Sie durch diesen inneren Blickwinkel auf die Quelle erleben werden, ist Beweis genug für die Transzendenz.

Das Herz des spirituellen Bewusstseins ist das Wiedererwecken unserer Verbindung mit der Quelle. In der Welt sind unsere Beziehungen horizontal, ihre Entwicklung ist begrenzt. Unsere Verbundenheit mit der Quelle des Geistes ist die transzendente, vertikale Beziehung, die dem Leben den tiefsten Sinn verleiht. Sie ist die Achse, um die unsere Welt rotiert. Spirituelles Bewusstsein ist die Bewegung fließender Energie, die alles in Richtung höherer Evolution trägt.

Warum verlieren wir das Bewusstsein von der höheren Quelle? Vor allem, weil wir vom Körper-

Ich bin kleiner als das winzigste Atom und größer als das Größte. Ich bin das Ganze, das mannigfaltig-bunt-schön-seltsame Universum. Ich bin der antike Eine, Gott. Ich bin das Wesen Gottes. Ich bin das allerhöchste Stadium göttlicher Schönheit.

hinduistischer Text

Bewusstsein verlockt werden. Wie Kinder, die in der Welt auf Abenteuersuche gehen, verirren wir uns und rufen in Panik – wir haben uns zu weit von Liebe und Sicherheit entfernt.

Viele Menschen glauben, weil sie einem Glaubenssystem verbunden sind. Sie „haben" den Glauben und folgen den Dogmen und Ritualen der Religion eher aus Angst und Gewohnheit als aus Liebe. Diese Abhängigkeit von Systemen und Regeln kann Menschen daran hindern, sich wahrhaft mit der Quelle zu verbinden. Rein intellektueller Glaube hat kaum transformative Energie. Ein Indikator dafür, dass Glaube eher Bindung als Erfahrung ist, ist die Intoleranz, die oft Menschen entgegengebracht wird, die an einen anderen Gott glauben.

Wenn man uns erzählt, dass das Göttliche überall präsent ist, daraus jedoch keine Verpflichtungen ableitet, sind das spirituelle Ausfluchten. Unsere Verpflichtungen zu Liebe, Offenheit und Vertrauen sind schwerwiegend, groß und erfüllend sind aber auch die Wohltaten dafür. Wenn wir uns dem Geist öffnen, von dem wir kom-

Die Quelle des Geistes

men und zu dem wir zurückkehren, werden wir die Richtigkeit dieser Beziehung und ihre tiefe Freude fühlen.

Die Tiefe des Geistes wird durch weißes Licht symbolisiert – ein einfacher, reiner Strahl, der alle Farben in sich vereinigt. Weißes Licht ist für uns ebenso unsichtbar wie die Luft, die wir atmen. Doch wir können es sehen, wenn es durch ein Prisma oder in einem Regenbogen in seine farbigen Bestandteile zerlegt wird. Ähnlich können wir uns der Quelle bewusst sein, wenn sie durch das Prisma unserer intuitiven Erfahrung gebrochen wird. Geist hat keinen Anfang und kein Ende. Er ist in uns allen und er ist immer schon gewesen. Stellen Sie zum Gedenken an die ewige Verbindung ein Kristallprisma an das Fenster, um die Spektralfarben einzulassen. Die tanzenden Lichter sind Ihr persönliches spirituelles Symbol. Die folgende Übung basiert auf dem Bild eines Regenbogens. Sie bringt Sie der Quelle näher und hilft, die Verbindung wieder zu entdecken.

Suchen Sie einen Ort auf, an dem Sie für zehn Minuten ungestört sind. Setzen Sie sich auf einen bequemen Stuhl. Atmen

Sie tief durch, schließen Sie die Augen und befreien Sie Ihren Verstand von Ablenkungen. Stellen Sie sich vor, wie reines, weißes Licht durch ein Fenster auf Ihre geschlossenen Augen fällt. Fühlen Sie seine Wärme und sein Licht in Ihren Körper eindringen. Die Quelle sendet reines, weißes Licht durch das Fenster Ihres Lebens direkt in Ihr Sein. Fühlen Sie die Wärme der Liebe und das Licht der Weisheit, die Ihr Selbst durchdringen. Wenn weißes Licht überall in Ihnen ist, stellen Sie sich vor, wie es sich in die Farben des Regenbogens teilt. Jeder Farbton ist ein anderer Aspekt Ihrer Beziehung zur Quelle. Rot ist die kreative Energie, die Sie beziehen, Orange das Geschenk spiritueller Kraft, Ihre Unverwundbarkeit. Gelb ist der Strahl des Kindes, der Reinheit und Unschuld bringt. Grün ist die Beziehung des Vaters zum Kind, der Respekt gegenüber sich selbst. Blau ist das Geschenk der Freundschaft und bietet völlige Unterordnung an. Indigofarben ist der Frieden, der Ihr Herz erfüllt. Violett ist die Mutter, es bringt Mitgefühl und Fürsorge. Denken Sie über diese spirituellen Geschenke nach und antworten Sie mit stiller Liebe.

Die Natur des Geistes

Der Lauf der Jahreszeiten bietet ein bequemes Zeitschema und einen symbolischen Rahmen, um über den Geist nachzudenken, seine Realität zu verstehen und nach seiner ewigen Wahrheit zu leben. In diesen Kapitel verfolgen wir Gedanken, Meditationen und spirituelle Übungen durch Frühling, Sommer, Herbst und Winter.

Das Arbeiten mit den vier Jahreszeiten hat mehrere Vorteile. Erstens werden wir uns des Kreislaufs der Natur bewusst und entfernen uns von der Künstlichkeit der Uhrzeit, der Arbeitswoche oder der langen Perioden des Wartens zwischen den ersehnten Urlauben. Wir lernen, einen natürlichen Rhythmus in unser Leben zu bringen.

Zweitens üben wir uns in der Kunst der Geduld. Wir dürfen keinen Schnellkurs in Spiritualität erwarten, denn das ist unmöglich: Je stärker wir nach innerem Frieden streben, umso weniger wahrscheinlich wird er sich einstellen. Stattdessen müssen wir Veränderungen vornehmen, indem wir für Offenbarung empfänglich werden, und das können wir mit Hilfe des durch den steten Wechsel inspirierenden Spektrums der Jahreszeiten. Im Lauf eines Jahres haben wir viel Zeit, um uns der Selbst-Offenbarung zu öffnen. Was nun folgt, ist kein strukturiertes Programm, sondern ein Vorschlag. Die schlafende Knospe des spirituellen Bewusstseins kann jeden Moment in uns aufbrechen: Sie erblüht, wenn wir für ihre Geschenke bereit sind.

Die Natur des Geistes

Frühling

Der Frühling ist die perfekte Zeit, um das folgende Jahresprogramm spirituellen Erwachens zu beginnen: Frühling – Erkennen des Wunders der Natur durch aufmerksame Beobachtung und stille Kontemplation; Sommer – Entwickeln spirituellen Bewusstseins; Herbst – Reflexionen zu Veränderung und Verfall; Winter – Sammeln fundamentaler Wahrheiten.

Einer der Gründe dafür, die spirituelle Ausbildung den vier Jahreszeiten anzupassen, ist die bewusst langsame Entwicklung, die spirituelle Ambitionen bremst. Hast steht immer im Widerspruch zum Rhythmus des Geistes – und Geduld ist eine der höchsten Tugenden des spirituellen Meisters.

Die Jahreszeit des Wachstums ist ein exzellenter Ausgangspunkt, weil unendlich viele kleine Veränderungen in der Natur beobachtet werden können – die Anzeichen der Erneuerung sind täglich zu sehen, wenn der Verstand nicht von Ängsten und Ablenkungen vernebelt ist. Genaue Beobachtung ist sowohl Ursache als auch Folge von aufmerksamer Wahrnehmung, und gesteigerte Wahrnehmung geht Hand in Hand mit klarem Verstand. Um es anders auszudrücken: Die Betrachtung der Frühlingszeichen wird uns helfen, uns über die alltäglichen Dinge eines unentspannten, unspirituellen Lebensstils zu erheben.

*In meiner neuen Robe
an diesem Frühlingsmorgen –
ein anderer.*

Basho
1644 – 1694

Blätter und Blütenknospen, die über Nacht auftauchen, sind die ersten Vorboten der reifen Schönheit der Natur – die Anzeichen einer erstaunlichen Entwicklung. Dieser „Grundkurs" unseres spirituellen Jahresprogramms sollte auf einfacher Betrachtung der Details basieren. Wenn wir beginnen, solche Eindrücke im Geiste sammeln, wird sich die Schönheit der Natur nach und nach aus unserem Inneren enthüllen – es gibt keinen Grund, diese Erkenntnis zu erzwingen. Erlauben Sie den Einzelheiten der Natur, ihre reine Vielfalt und Genialität zu zeigen – wie

Frühling

schwebende Objekte, die von ihren Verankerungen am Grund eines tiefen Sees befreit wurden und zur Oberfläche steigen.

Sie können ein Meditationsmandala anlegen, das über mehrere Wochen die Stadien des Frühlings zeigt. Wenn Sie etwa die allerersten Frühlingsboten beobachten, können Sie vereinfachte Versionen davon an die Eckpunkte eines Pentagramms zeichnen, das Sie mit Hilfe eines Lineals und eines Winkelmessers angelegt haben. Dann, wenn sich bestimmte Blätter entfalten, können Sie vereinfachte Darstellungen davon hinzufügen, indem Sie die freien Flächen symmetrisch zu einem Bild ergänzen.

Wenn Sie Ihr spirituelles Diagramm fertiggestellt haben, nehmen Sie sich Zeit, in der Sie nicht gestört werden, um über Ihrem Mandala zu meditieren. Stellen Sie sich vor, das Zentrum sei Ihr Geist, der Punkt, aus dem all Ihre Gedanken und Handlungen erwachsen. So wie die Blätter sich vom Zentrum nach außen richten, so wendet sich Ihre Güte vom Geist ausgehend in die Welt rund um Sie herum.

Die Natur des Geistes

Sommer

Sommer ist Fülle – ein Fest für die Sinne: die Wärme der Sonne auf unserer Haut, Blätter und Blumen im Überfluss, der intensive Duft von Blüten und Kräutern, Vögel und Insekten, all die Aromen des Gartens der Natur. Visuelle und akustische Sinneseindrücke bieten natürliche Themen für Meditationen.

Jede symmetrische Blume ist ein *yantra* – ein universelles, geometrisches Symbol der Ganzheit des Selbst und ein Bild, das direkt zu unserem Unbewussten spricht. Eine solche Blume können wir zur Meditation verwenden. Setzen Sie sich bequem neben die Blume und richten Sie Ihre gesamte Aufmerksamkeit auf sie. Sehen Sie die Blume nur als Form und Farbe. Leeren Sie Ihren Verstand und lassen Sie die Blume als reine Wahrnehmung in Ihr offenes Bewusstsein dringen. Fortgeschrittene können die Blume als einen Aspekt des inneren Potenzials erleben. Lassen Sie die Eindrücke sanft durch Ihren Verstand fließen. Wenn wir uns von Ablenkungen befreien, werden wir reine Wahrnehmung, reiner Verstand, reiner Geist. Versuchen Sie, das Summen des Sommers auszublenden und diese innere Reinheit zu erleben – wenigstens für einige Minuten. Bemühen Sie sich jedoch nicht zu sehr, drängen Sie sich nicht selbst. Über einer Blume zu meditieren, sollte für Menschen ebenso natürlich sein, wie das Trinken des Nektars für Bienen.

Der symbolische Grund, warum eine Blume zur Meditation verwendet wird, ist die Kombination von männlichen (Staubgefäße) und weiblichen Elementen (Stempel). Das hinduistische *sri yantra*, übereinanderliegende Dreiecke, die an einem Punkt zusammentreffen, folgt einem ähnlichen Prinzip: Die Dreiecke sind Shiva and Shakti, die männliche und die weibliche göttliche Kraft, deren Vereinigung die Welt hervorbringt.

Sommer

Übung 7

Die Kraft des Lichts

Man kann sich die Sonne als gebendes Auge vorstellen. Sie ermöglicht das Leben auf der Erde. Wie der erleuchtete Geist ist auch sie reine Energie, die sich selbst absolut hingibt – Nehmen ist nicht ihre Natur. Nützen Sie diese Übung, um die Parallelen zwischen Sonne und Geist tiefer zu ergründen.

1. Mittags brennt die Sonne auf die Erde nieder. Visualisieren Sie ihr Licht (Blicken Sie niemals in die echte Sonne – Ihre Augen könnten ernsthaften Schaden nehmen). Sehen Sie die Sonne als riesigen Lichtball.

2. Denken Sie an das, was Wissenschafter über die Sonne erzählen: Ihre Temperatur beträgt 15 Millionen Grad Celsius. Die Hitze ist unvorstellbar. Entspannen Sie sich und denken Sie an spirituelle Energie, die ähnlich unvorstellbar ist und die in den Lichtpunkt in Ihnen selbst fließt – den Punkt, der Geist ist. Baden Sie in Ihrer unendlichen spirituellen Kraft.

3. Zum „Abkühlen" denken Sie daran, dass wir nicht ohne Schädigung unserer Augen in die Sonne blicken können. Jeder, der den griechischen Gott Zeus in seiner wahren Gestalt erblickte, verbrannte zu Asche. Der Geist ist allmächtig. Wir können den Geist nicht sehen, nur seine alles gebende Realität in uns selbst spüren.

Die Natur des Geistes

Herbst

Der Herbst bringt uns das Vorübergehen des Jahres zu Bewusstsein. Nicht-Erleuchtete bedauern das Ende des Sommers und die kurzen, kalten Tage. Romantiker finden die Reife selbst – das Leben am Höhepunkt seiner Fruchtbarkeit und am Rande des Verfalls – besonders ergreifend. Die grundlegendste spirituelle Lektion für den Herbst ist, sich von dieser pseudo-romantischen Melancholie zu befreien. In spirituellem Bewusstsein ist kein Platz für Bedauern. Das Verstreichen der Zeit ist kein Grund zur Trauer. Wenn die Vergangenheit hinter uns fließt (wie es uns zum gegenwärtigen Stand der Ausbildung scheint), darf sie sich nicht neben den verlorenen Träumen in Gefäßen des Bedauerns sammeln. So etwas kann uns nur behindern.

Der Herbst ist eine gute Zeit, um über Dinge nachzudenken und uns von künstlichen Bürden zu befreien, die unseren spirituellen Fortschritt hemmen wie ein Teppich verrottenden Laubs um unsere Knöchel. Trotzdem können wir im Herbst einige Metaphern für die Entwicklung des Geistes auf unserer spirituellen Reise finden. Es ist die Jahreszeit der Ernte und der Vorräte. Zeit, die Früchte unserer persönlichen spirituellen Erfahrung einzusammeln, sie für härtere Zeiten einzulagern und die Essenz aus unserem Wissen zu destillieren, indem wir die Wahrheit aus unseren Entdeckungen pressen wie Saft aus Früchten.

Im 19. Jahrhundert gab es in Deutschland Philosophen, die lange Spaziergänge im Wald unternahmen, um ihre Gedanken zu ordnen: Die Universität von Heidelberg hat einen Philosophenweg entlang der bewaldeten Hügel über der Stadt. Entwerfen Sie Ihren eigenen Weg, am besten durch Waldgebiet, und denken Sie über den Herbst nach, in dem sich Zeit als organisch und endlos darstellt: Eine Frucht verstreut Samen für neues Leben, während sie verrottet. Der Kreis von Leben und Tod ist kein An- und Abstieg, sondern eine ewig wiederkehrende Welle, an der alle Lebewesen teilhaben. Unsere spirituelle Entwicklung basiert auf der Zerstörung von zersetzendem egoistischem Denken, damit Liebe wachsen kann. Fühlen Sie die Kälte des nahenden Winters im Blätter verstreuenden Wind, der ebenso viel verheißt wie die Brise des Frühlings.

Herbst

Übung 8

Früchte der Verheißung

Die Ernte des folgenden Jahres ist bereits in den herbstlichen Früchten enthalten. Auch wenn alles nach Verfall aussieht, wird stille Reflexion uns zeigen, wie es sich in den ewigen Rhythmus des Lebens als Ganzes einpasst. Für die nachstehende Meditation verwenden wir eine zum Mandala umgewandelte Frucht.

1. Sammeln Sie Herbstfrüchte im Park oder im Garten – etwa Kastanien oder Äpfel. Wählen Sie eine Frucht aus und schneiden Sie sie mit einem scharfen Messer in der Mitte durch.

2. Nehmen Sie eine Hälfte und legen Sie sie an einen Platz, wo Sie sie gut sehen können. Meistens enthüllt sich ein symmetrisches Muster, doch es spielt keine Rolle, wenn die Schnittstelle nicht ganz regelmäßig ist. Das ist Ihr Mandala für Meditation und Kontemplation.

3. Meditieren Sie über die Frucht. Betrachten Sie fünf Minuten lang nur das Muster und die Farben, von innen nach außen. Meditieren Sie dann über die Lebensquellen in der Frucht. Stellen Sie sich vor, wie im nächsten Jahr nach dem Winterschlaf neues Leben aus den Samen sprießt. Stellen Sie sich das Leben selbst als Konstante in endlosen Kreisen der Zeit vor.

Die Natur des Geistes

Winter

Wenn wir die Illusion von Annehmlichkeiten, Luxus und Ablenkungen abstreifen, schenkt der Winter uns eine spirituelle Herausforderung. In dieser Zeit ist es natürlich, dass wir uns nach innen richten – um unser Zuhause, unsere Beziehungen zu anderen, unseren Lebensweg zu betrachten. Welche Jahreszeit wäre besser geeignet, uns zu vergewissern, dass wir im vergangenen Jahr an uns gearbeitet haben, dass wir ausreichend Illusionen und Beiwerk abgelegt und tiefe Wahrheiten erkannt haben? Die skelettierten Äste kahler Bäume erinnern uns an den Prozess, den wir bis zu einem kompromisslosen spirituellen Verständnis noch vor uns haben.

Eine Legende von König Arthur und seinem Hof schildert in symbolischer Form den Verzicht, den jeder suchende Geist leisten muss. An einem Neujahrstag stürmt ein grüner Riese ins Schloss. Er bietet an, dass ein Ritter seinen Kopf abschlagen darf, er werde jedoch den Schlag in einem Jahr und einem Tag erwidern. Gawain nimmt an. Der enthauptete Riese nimmt seinen eigenen Kopf und reitet davon. Fast ein Jahr später nimmt Sir Gawain, der zum Einlösen seiner Schuld zur grünen Kapelle reitet, Unterkunft in einer Waldhütte. Sein Gastgeber schlägt vor, alles auszutauschen, was jeder von ihnen während seines Aufenthalts erhält. Drei Tage geht der Mann auf die Jagd und bringt das Wild Gawain. Inzwischen gibt seine Gattin Gawain am ersten Tag einen Kuss, am zweiten Tag zwei Küsse, am dritten drei und einen schützenden grünen Gürtel. Der Ritter erzählt seinem Gastgeber von den Küssen, verschweigt jedoch den Gürtel. Am vierten Tag stellt sich Gawain dem Riesen. Dieser kratzt ihn mit seiner Axt leicht am Nacken. „Das war für den Gürtel", erklärt er. In Wirklichkeit ist Gawains Gastgeber der grüne Riese und testet die Ehre der Tafelrunde. Nach dieser milden Rüge reitet Gawain nach Hause. Daraufhin befiehlt Arthur allen seinen Rittern, fortan grüne Gürtel zu tragen.

Im tiefsten Winter erkannte ich schließlich, dass in mir ein unbezwingbarer Sommer war.

Albert Camus
(1913 – 1960)

In jedem winterlichen Herzen gibt es einen zitternden Frühling.

Kahlil Gibran
(1883 – 1931)

Winter

Während der winterlichen Selbsterforschung sollten wir uns fragen, was unser eigener grüner Gürtel sein könnte – der Luxus, den wir am widerwilligsten aufgeben. Vielleicht können wir ihn noch nicht benennen, doch zumindest ist das ein Ziel, nach dem es sich zu streben lohnt.

In den kältesten Tiefen des Winters ist Kaminfeuer oder eine Kerze ein angemessenes Symbol für das fortbestehende Leben und die ewige Stille des Geistes im Fluss der materiellen Welt. Ergreifen Sie in einem persönlichen Ritual die Chance, die der Winter bietet, um tief ins Herz der Flamme zu sehen. Der wahre Trost des Winters liegt jedoch nicht in der Flamme, denn er besteht in der ewigen Realität des Geistes.

Dem Symbol des Kamins können wir als Kontrast die Schneeflocke gegenüberstellen, ein perfekt symmetrisches Mandala, das bei Kontakt leicht schmilzt. Es gibt kein wahrhaftigeres Bild für die Transzendenz irdischen Lebens und für die Wichtigkeit von Erfahrungen, die über das Physische hinausführen.

Der innere Tempel

Der vergessene Geist ist stets auf der Suche: unter anderem nach Identität, Selbstwert und Wahrheit. „Wer bin ich?" ist eine der fundamentalen Fragen, die wir uns stellen müssen, um inneren Frieden wieder zu entdecken. Wenn wir die Antwort auch nicht sofort finden, so können wir uns doch annähern, indem wir erkennen, was wir nicht sind. Wir sind nicht unser Körper oder eine der Rollen in unserem Leben – Partner, Freund, Sportler etc. Manche Rollen sind wichtig, andere weniger. Doch die fundamentale Wahrheit liegt irgendwo tief in uns selbst und lässt sich durch unsere Entscheidungen nicht verändern – ob wir diesen Beruf ergreifen oder jenen, heiraten, Kinder haben, politisch tätig sind oder mit dem Rad zur Arbeit fahren.

Geist oder Selbst ist das wertvolle, einzigartige Ding, das wir sind. Für ein befriedigendes und sinnvolles Leben müssen wir völlig vertraut mit dem inneren „Ich" werden, engen Kontakt mit uns selbst bekommen, das wahre Ausmaß unserer Energie verstehen und sie verwenden. Zuerst muss der innere Tempel des Selbst lokalisiert werden (es kann mühsam sein, den Dschungel rundum zu lichten), dann gilt es, sein Potenzial zu würdigen, zu renovieren und zu erhalten. Das klingt nach harter Arbeit, doch Pflege des Geistes ist Lohn für sich selbst. Wir erlangen Frieden, Liebe, Stärke und Schönheit und die Segnungen, die wir durch diese Entdeckung in uns selbst und ihr Verteilen in der Welt erfahren, sind grenzenlos.

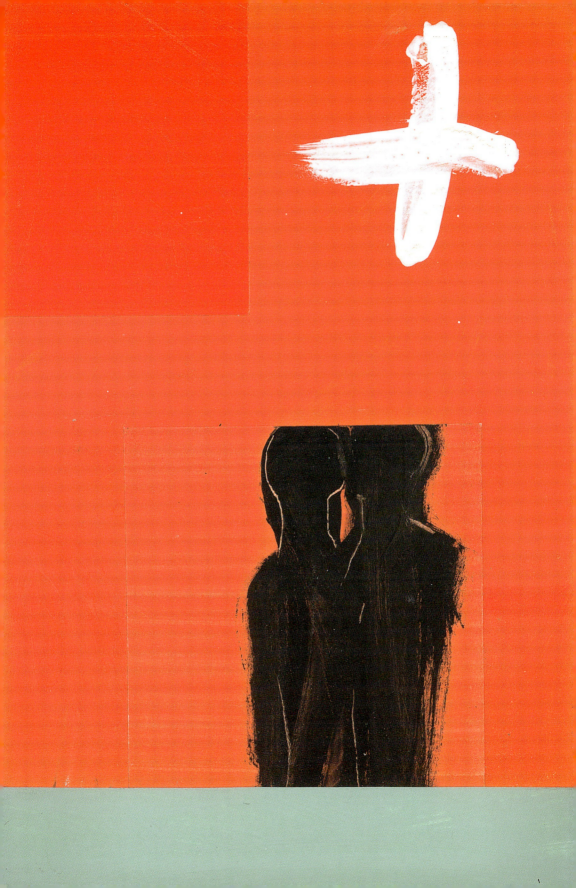

Der innere Tempel

Identität definieren

Wie sehe und erlebe ich mich selbst? Das ist eine grundlegende Frage, auf die viele von uns die falschen Antworten geben. Wir haben das Bewusstsein unseres Selbst einschlafen lassen und definieren uns eher durch Äußerlichkeiten. Wir sind gewohnt, uns durch Dinge zu identifizieren, die wir nicht sind: durch unsere physische Form (Fixierung auf Aussehen); unsere Arbeit (Fixierung auf Tätigkeit); unser Verhältnis zu anderen (Fixierung auf Status); unseren materiellen Besitz (Fixierung auf Oberflächliches). Wir sind jedoch nicht diese Zufälligkeiten des Schicksals, sondern Energie des Bewusstseins.

Genauso sind wir weder die Summe unserer Erinnerungen noch unserer Beziehungen. Diese Faktoren sind zwar der Wahrheit näher, weil sie eine menschliche Dimension einbeziehen, ein einzigartiges Profil, dessen sich andere Menschen bewusst sein müssen, wenn sie behaupten, uns zu „kennen". Wenn wir verantwortungsvoll und kreativ gelebt haben, schätzen wir unsere Vergangenheit und unsere Beziehungen: Sie zeigen anderen ein Bild unseres Lebens. Diese Dinge sind wie ein Komet, der einen hellen Bogen am Nachthimmel zieht. Wir sind das brennende Herz des Kometen, seine Energie. Wir sind der Geist, der den Körper belebt: Identität und Geist sind Synonyme. Geist ist Selbst und seine höchsten Ausdrucksformen sind Frieden, Liebe, Wahrheit, Stärke und Glück.

Einmal verinnerlicht, ist diese Erkenntnis befreiend. Ein Großteil des persönlichen Elends resultiert aus der Spannung zwischen dem öffentlichen „Ich" und dem inneren, häufig unerfüllten Selbst. Wenn wir uns zu sehr mit der öffentlichen Rolle identifizieren, werden wir verwundbar. Unsere Identität wird erschüttert, wenn wir den Arbeitsplatz oder den Partner verlieren. Das ist eine Illusion, die durch Bindung entsteht. Wahre Identität kann nicht erschüttert werden. Wir werden sehen, dass sie unteilbar ist. Therapeuten können Illusionen Schicht für Schicht abschälen wie die Häute einer Zwiebel. Der spirituelle Pfad aber ist transzendent und Offenbarung kann in einem Augenblick stattfinden. Unsere Reise im Inneren wird das Licht finden, das unsere wahre Identität ist.

Identität definieren

Übung 9
Das Rad des Selbst

Diese Übung adaptiert das buddhistische Rad des Seins, in dem Buddha unbewegt in der Mitte ruht, als Basis für eine Visualisierung von Identität.

1. Stellen Sie sich Ihr weltliches Selbst als Radfelge vor. Der tägliche Gang Ihres Lebens, die Menschen, Ihre Aufgaben sind die Kraft, die das Rad dreht.

2. Wenden Sie sich nach innen. Die Felge wird durch Speichen gehalten. Jede Speiche versinnbildlicht eine Ihrer Eigenschaften, gute oder schlechte. Eine könnte Geduld sein, eine die Tendenz, viele Aspekte auf einmal zu sehen. Stellen Sie sich möglichst viele Speichen vor. Sehen Sie, wie sie, wenn das Rad sich schnell dreht, verschmelzen. Doch wenn das Rad sich langsam dreht, können sie jede Eigenschaft in Ruhe betrachten und sehen, was Sie zu Ihrer externen Identität beiträgt.

3. Stellen Sie sich nun die Radnabe als Ihr Selbst vor. Sie sehen, wie die Eigenschaften vom Zentrum ausgehen und sich die Felge über Ihnen dreht. Je näher Sie dem Zentrum kommen, umso langsamer drehen Sie sich, bis Sie im Zentrum völlig stillstehen. Wie Ihre wahre spirituelle Identität kontrolliert die Nabe Geschwindigkeit und Richtung des Rades, doch im Zentrum ruht sie.

Der innere Tempel

Die Souveränität des Selbst

Der schottische Philosph David Hume behauptete im 18. Jahrhundert, dass es das Selbst nicht gibt. Was wir „Ich" nennen, ist nur eine momentane Konstellation von Wahrnehmungen, Verlangen, Meinungen und Handlungen, die durch unsere Erinnerungen den Anschein von Kontinuität erwecken. Jedes erfolgreiche Programm spirituellen Wachstums weist diese Art von Pessimismus zurück. Wir können eine Analogie ziehen, bei der unsere Gedanken und Gefühle tatsächlich wechselnde gewaltige Konstellationen bilden. Doch aus der Sicht eines Geistes, der das ganze Universum erfüllt und belebt, erscheint auch der größte Sternenhaufen unbedeutend.

Spirituelles Wachstum ist ein Prozess, in dem man lernt, das eigene innere Universum zu beherrschen. Unseren Fortschritt messen wir daran, wieviel Gewalt wir über unsere Gedanken, Gefühle, Bedürfnisse und Entscheidungen haben. Wenn wir erkennen, dass wir Geist sind, und nach dieser Wahrheit leben, haben wir die Sicherheit, dass wir, welchen äußeren Faktoren wir auch ausgesetzt sind, vital und kreativ bleiben, denn unsere spirituelle Natur ist unveränderlich.

In Mythen gibt es Helden, die einen Umhang der Unverwundbarkeit tragen. Unser Bewusstsein vom Selbst als Geist macht uns ebenso unbezwingbar. Es ist aber kein Umhang, der verloren werden kann, denn die spirituelle Unverwundbarkeit liegt im Kern unseres Selbst.

Selbst-Achtung, Selbst-Kenntnis, Selbst-Kontrolle – diese drei allein führen zu souveräner Macht.

•

Alfred Lord Tennyson
(1809 – 1892)

Wir können Verstand (Selbsterfahrung und Kreativität), Intellekt (Analyse und Erkennen), Persönlichkeit (Verhaltensmuster) und Sinne (Boten zum Geist) als vier Minister am Hof des Selbst betrachten. Um uns erfolgreich zu beherrschen, nehmen wir von jedem Rat und Hinweise an. Wohlwollende Herrschaft funktioniert besser als strenge Diktatur. Wir können sogar Grenzen akzeptieren, solange sie nicht unvermeidlich oder unüberwindbar sind. In unserem Staat sitzen wir bequem auf dem

Die Souveränität des Selbst

Thron, glücklich über das Königreich in unserem Inneren. Wenn die Emotionen zu rebellieren drohen, können wir sie durch die Macht des Intellekts, der Premierminister ist, umwandeln.

Wenn uns sexuelles Verlangen in Versuchung führt, haben wir die Kraft des Verstandes und der Persönlichkeit, der Sucht zu widerstehen. Bei Kritik bewahren wir Würde und Selbstachtung und verfallen nicht in Verteidigung oder Zorn. Nach einem Fehler durchlaufen wir rasch Schuld und Reue und beginnen ohne Verzögerung mit der Suche nach einer Lösung. Emotionen werden zur Kenntnis genommen und zugelassen –

dann jedoch dorthin entlassen, wo sie uns nicht schaden können.

Wenn wir die Kontrolle innehaben, erkennen wir, dass auch andere Macht haben, dass wir sie nicht kontrollieren können und das auch nicht wollen. Diese Selbst-Souveränität verwandelt sich durch Inspiration und Einfluss automatisch in eine Form von Führerschaft. Wir senden ein Licht aus, das Menschen anzieht und sie unserem Beispiel folgen lässt. Wir erleuchten den Pfad der Selbst-Kenntnis und zeigen den Weg. Durch unsere Selbst-Herrschaft strahlen unsere Segnungen weit über ihre Grenzen hinaus.

Der innere Tempel

Unsere Einzigartigkeit

Ein Wissenschafter behauptete einmal, dass die Menschen im Lauf der Geschichte „Gefügigkeit" entwickelten und leicht durch sozialen Druck beeinflussbar sind, weil Kooperation eine machtvolle Waffe im Überlebenskampf war. Man könnte meinen, dass wir eine Spezies von Konformisten sind, die von Werbeleuten, Kriegshetzern, religiösen Eiferern und anderen leicht manipuliert werden können. Natürlich werden wir ständig aufgefordert, uns mit anderen zu vergleichen und nach ihrem Reichtum, ihrer Schönheit, ihrer Macht zu streben. Wir könnten dem Druck solcher Einflüsse nachgeben. Doch tief im Inneren besitzen wir eine Fähigkeit, das Einzigartige in uns allen zu verstehen, zu schätzen und zu bewahren – die Schönheit und den Wert des Selbst, den Schatz unserer Spiritualität, auf dessen Entdeckung der Selbst-Wert basiert.

Zum menschlichen Wesen gibt es zwei Denkschulen. Anhänger von Thomas Hobbes, einem englischen Denker des 17. Jahrhunderts, behaupten, wir wären von Natur aus Tiere, die durch die Gesellschaft gezähmt werden. Jean Jacques Rousseau, ein romantischer Philosoph des 18. Jahrhunderts, war optimistischer. Er sagte, dass wir grundsätzlich frei, tugendhaft und edel sind, dass aber die Gesellschaft uns korrumpiert und dazu zwingt, unnatürliche Muster zu akzeptieren.

Der Mensch macht heilig, woran er glaubt, und schön, was er liebt.

Ernest Renan
(1823 – 1892)

Spirituelles Bewusstsein kann als Prozess der Zusammenführung mit diesem unvergleichlich schönen inneren Wesenskern gesehen werden. Es entspricht dem Streben, uns selbst von der Vergiftung durch negative Einflüsse anderer Personen, seien sie individuell oder kollektiv, freizuhalten.

Auf unserer Einzigartigkeit zu bestehen ist keineswegs egoistisch. Immerhin ist sie das am wenigsten Einzigartige an uns, denn wir teilen genau diese Eigenschaft mit allen anderen. Was wir wollen, ist nur unser Recht, nicht blind geführt zu werden.

Diese Freiheit ist wichtig, weil sich jeder in einem anderen Tempo entwickelt. Wenn wir spirituelles Bewusstsein erreichen wollen, müssen wir es auf unserem eigenen Weg und in unserem eigenen Tempo finden.

Unsere Einzigartigkeit

Schönheit in der Masse

Wenn Sie das nächste Mal in einer Menschenmenge sind, etwa im Bus oder im Zug, im Supermarkt oder in einem Fußballstadion, versuchen Sie, sich selbst nicht als Teil einer anonymen Masse zu sehen, sondern als Blume in einem riesigen Garten.

Um Sie herum sind andere Blumen, die alle zu anderen Sorten gehören – wenn Sie die Gesichter von Menschen studieren, werden Sie sehen, dass nicht zwei gleich sind.

In dieser Menge fühlen Sie keinen psychischen Druck: Ihre Identität wird nicht angetastet. Ignorieren Sie negative Gefühle, die Sie bei anderen entdecken – zum Beispiel Ungeduld, Reizbarkeit oder Aggression. Versuchen Sie stattdessen, die positiven Gefühle von anderen einzufangen – Freiheitsliebe, Freude, Hoffnung oder andere Energien. Sie erkennen jeden einzelnen in der Menge als spirituell Gleichen. Zur selben Zeit spüren Sie Ihr eigenes, starkes Selbst und die einzigartige Schönheit im Kern des Selbst.

Denken Sie an Ezra Pounds Sinnspruch über U-Bahn-Pendler: „Die Anmutung dieser Gesichter in der Menge / Blütenblätter auf einem nassen, schwarzen Ast."

Der innere Tempel

Verantwortung

Viele von uns haben Schwierigkeiten, Freiheit und Verantwortung miteinander in Einklang zu bringen. Doch paradoxerweise sind diese beiden Konzepte nicht nur vereinbar, sondern zutiefst voneinander abhängig. Eines der aufwühlendsten historischen Dokumente über die Würde des menschlichen Geistes, die amerikanische Unabhängigkeitserklärung, besagt, dass alle „von ihrem Schöpfer mit unveräußerlichen Rechten ausgestattet sind, die Leben, Freiheit und Glück einschließen". Doch diese Rechte sind nur durch die Tugend der allgemeinen Wachsamkeit unveräußerlich und durch den Willen, dafür Verantwortung zu übernehmen.

Was im sozialen Bereich gilt, gilt auch im persönlichen. Freiheit und Verantwortung sind wie die zwei Bögen eines Gewölbes, die aneinander lehnen. Ein wahrhaftes Selbst-Bild ist die tragende Basis. Solange wir nicht frei sind zu sagen und zu tun, woran wir glauben, und durch andere bestimmt werden, heißt Verantwortung nicht mehr als Konformität.

Umgekehrt gilt, wenn wir nicht verantwortungsvoll sind und so leben, wie wir es für richtig halten, ist Freiheit überflüssig – verschwendet, weil sie uns nichts Wertvolles bringt. Verantwortung für uns selbst zu übernehmen, befreit uns von den falschen Vorschriften der Gesellschaft. Nur in Freiheit können wir tugendhaft leben.

Im Buddhismus gibt es die Idee von *Boddhisattva*, oder Buddha-Werden, die Seele, die den Übergang zum Buddha-Sein aufschiebt, um anderen Seelen bei der Suche nach Erlösung zu helfen. Das ist Verantwortung im großen Stil. Wenn wir uns selbst schätzen, ist die Wertschätzung anderen gegenüber der natürliche nächste Schritt. Auch wenn wir unseren selbstaufopfernden Altruismus drosseln, werden wir gute Taten in der Welt setzen, soweit es Energie und Zeit erlauben. Pflichten sind keine schwierigen Aufgaben, sondern vor allem Wege, unsere kreative Vision auf die Welt zu projizieren. Im Vergleich dazu sind die Befriedigung körperlicher Bedürfnisse und das Schwelgen in Luxus blass und unerfüllend.

Verantwortung heißt nicht, für die Gedanken und Taten anderer verantwortlich zu sein. Sie

Verantwortung

erfordert, dass wir uns der Aufgabe stellen, andere zu erleuchten, indem wir unsere Energie aktiv auf die Menschen ausstrahlen, mit denen wir in Kontakt kommen. Aus dieser Sicht wird ein völlig isoliertes Leben unvollständig erscheinen. Doch es ist nicht weise, zu viele Vorschriften aufzustellen. Denn wer könnte leugnen, dass ein einsamer Mystiker mit seinen Schriften die Seelen von Millionen Menschen berührt und deren Leben positiv verändert?

Der mystische Eremit steht an einem Ende des Spektrums. Das andere Extrem ist der unermüdliche Fürsorger, der gute Taten instinktiv vollbringt und der Selbsterforschung, der Meditation oder anderen bewussten spirituellen Übungen keine Zeit widmet. Man kann nicht sagen, dass eine Person den Geist vernachlässigt, wenn sich ihre tugendhafte Energie in solch grenzenlosem Überfluss ergießt. Zehn Minuten mit dieser Person wären genug, um uns von der Reinheit ihrer Berufung zu überzeugen. Auf eine Weise, die in diesem Buch nicht berührt wird, hat sie die Wahrheit des Geistes gefunden, und ihren eigenen Weg, diese umzusetzen.

Der innere Tempel

Werte

Wir leben in einer Welt, in der Quantität und Qualität regelmäßig vermischt werden. Wert wird in Mengen gemessen und man sagt uns ständig, dass mehr besser ist. Es gibt Listen, die den Reichtum von Menschen vergleichen, die so reich sind, dass Vergleiche keine Bedeutung haben. Ist es wirklich befriedigender, 100 Milliarden Dollar zu besitzen als „nur" 50 Milliarden Dollar? Wir „wissen", dass Picasso der größte Maler des 20. Jahrhunderts ist, weil seine Bilder die höchsten Preise erzielen. Befriedigung wird in „wie oft" und „wie viel" gemessen. Es ist unmöglich, den Facetten des Geistes, Frieden, Liebe, Wahrheit und Glück, einen numerischen Wert zuzuordnen. Mehr ist nicht besser. Besser ist besser.

Ist es nicht so, dass wir, je wertvoller etwas wird, umso mehr darauf achten müssen, dass es uns nicht versklavt? In Wahrheit ist es schwer für uns, die Dinge zu *um*sorgen, die wir brauchen: Stattdessen neigen wir dazu, uns zu sorgen, ob wir sie besitzen oder nicht. Bedürfnis ist ein absoluter Gemütszustand: Wir haben kaum Spielraum, um zwischen diesen Extremen eine Werteskala anzulegen. Wenn wir etwas brauchen, führt unsere Wertschätzung seiner Qualitäten zu Abhängigkeit oder zu spirituell lähmender Angst, wir könnten es verlieren.

Paradoxerweise treffen sich Bedürfnis und Wert in den Eigenschaften des Geistes. Obwohl wir Liebe, Reinheit, Wahrheit und Kreativität brauchen, um ein erfülltes Leben zu führen, gehören sie bereits für immer uns. Wir können diese absoluten, spirituellen Bedürfnisse schätzen, weil wir niemals zu fürchten brauchen, dass wir ohne sie sind oder sie verlieren. Die meisten Menschen leben bis zu einem gewissen Grad nach den Werten anderer – etwa ihres Chefs, ihres Partners oder ihrer Eltern. Die Werte, die wir für uns selbst im Geist finden, sind jedoch ein verlässlicherer Kompass für das Leben.

Die sieben Krüge der Wahrheit
Wir erforschen unsere persönlichen Werte durch die Entscheidungen, die wir treffen. Wie verhalten wir uns, wenn wir aus einer Reihe unterschiedlich wertvoller Gegenstände auswählen sollen? Wenn einige davon für uns denselben Wert besitzen, könnte eine Entscheidung schwerfallen.

Werte

Stellen Sie sich ein Bord mit sieben Krügen darauf vor. Ein Dschinn wartet, um Ihnen einen Krug nach dem anderen zu geben, bis nur noch einer übrig ist. Malen Sie sich die Krüge sorgfältig aus: Der erste ist aus glattem Ton, mit Erde bedeckt, und wo die Oberfläche zum Vorschein kommt, sind archaische Muster zu sehen. Er enthält antikes Wissen über den Geist. Der zweite hat die Gestalt eines schönen, schwebenden Vogels und enthält positive Gedanken. Der dritte ist in Geschenkpapier gewickelt und beinhaltet gute Wünsche für unsere Freunde. Der vierte sieht aus wie ein Parfüm-Flakon. In ihm ist ein Zauberbalsam, der all unsere Sorgen vertreibt. Der fünfte ist eine Kugel, die auf dem Rücken einer Porzellanfigur ruht, und enthält emotionale Unterstützung von Ihrem besten Freund. Der sechste besteht aus klarem Glas, in dem sich eine Hand voll Diamanten befinden – diese sind kreative Talente. Der siebte hat die Form gefalteter Hände und enthält Segnungen ihrer Eltern. Entscheiden Sie, von welchem Sie sich als erstes trennen, und in welcher Reihenfolge Sie die anderen folgen ließen, wenn Sie es jemals tun müssten.

Der innere Tempel

Ego und Demut

Wenn wir an die Souveränität des Selbst glauben, laufen wir dann nicht Gefahr, Opfer von Egoismus und Arroganz zu werden? Wenn die Erfüllung des eigenen geistigen Potenzials eine Reise ins Ich bedeutet, wie können wir das angesichts unserer Verpflichtungen gegenüber der gesamten Menschheit rechtfertigen? Diese Fragen führen uns zu einem der schwierigsten Paradoxa des Geistes: Die Art und Weise, wie unsere innere Reise ihre Segnungen auf die Welt ausstrahlt. Indem wir die individuelle Seele pflegen und ihre Wahrheiten ernten, werden wir geneigter und fähiger, zu geben und Liebe an alle Menschen um uns auszusenden.

Skeptische Menschen mögen die innere Suche als einen Akt des Ego oder als Symptom eines aufgeblasenen Ego interpretieren, doch das ist ein Missverständnis. Ego ist die schlimmste Krankheit des Geistes und tödlich für spirituelles Bewusstsein. Tiefe spirituelle Heilung ist nichts anderes als die Auslöschung des Ego. Wenn wir uns darauf einlassen, ist es, als ob Egotismus und Spiritualität in der Arena des Selbst um die Vorherrschaft kämpften. Selbst-Verständnis, Selbst-Besitz und Selbst-Wert stehen auf der Seite des Geistes; Selbstbezogenheit, Stolz und Unsicherheit auf der des Ego.

Aus intellektueller Sicht ist die Tugend der Demut nichts anderes als die Kraft der Aufmerksamkeit.

•

Simone Weil
(1909 – 1943)

Doch sollen wir uns nicht selbst wichtig nehmen? Diese Haltung hat in der Umgangssprache eine Bedeutung, die ihrer wirklichen widerspricht. Wenn ich denke, dass mein Leben, mein Komfort und mein Wohlbefinden wichtiger ist, als das eines anderen, bin ich spirituell grundlegend fehlgeleitet. Wenn ich aber glaube, dass mein spirituelles Wohlbefinden nicht wichtig ist, begehe ich ebenso einen Fehler.

Spirituelles Wohlbefinden ist der Schlüssel zu einem glücklichen Leben. Wie können wir andere lieben, wenn wir nicht umfassenden Respekt vor uns selbst haben? Daher ist die innere Reise von immenser Bedeutung. Sie ist kein Rückzug vom Leben, sondern ein Akt der Orientierung in Bezug auf all das, was nicht wir selbst sind: andere Menschen,

Ego und Demut

materielle Phänomene, Zeit und alles, was unsere äußere Umgebung ausmacht.

In manchen mystischen Traditionen gibt es ein Element des Selbst-Hasses – der Glaube, eine individuelle menschliche Seele wäre angesichts des Göttlichen wertlos. Nichts könnte der Botschaft dieses Buches ferner liegen. Jede individuelle menschliche Seele besitzt eine ewige Verbindung mit der Quelle des Geistes. Selbst wenn wir uns dieser persönlichen Beziehung zum Göttlichen nicht bewusst sind, so tragen wir doch seine höchsten Qualitäten in uns. Unsere Natur reflektiert das Göttliche, wir erkennen das an der Stimme des Gewissens und an der Spontaneität der Liebe.

Wir können uns den Kampf zwischen Geist und Ego auch als Kampf zwischen Weitsicht und Engstirnigkeit vorstellen. Wenn das Ego überhand nimmt, sehe ich mein Leben nur in kurzfristigen Zielen. Andere Menschen sind Mittel zu meinem selbstsüchtigen Zweck. Wenn ich aber spirituell bewusst werde, sehe ich mein Leben im weitesten Blickwinkel. Andere Menschen gewinnen in diesem Verständnis große Bedeutung. Mein Ziel ist es dann, meine spirituellen Segnungen an andere weiterzugeben und Liebe überallhin auszustrahlen. Ein bedeutendes Paradoxon des Geistes ist, dass angemessener Respekt für die Heiligkeit des Selbst zu Selbstlosigkeit führt.

Der innere Tempel

Wahrheit und Ehrlichkeit

Wahrhaftigkeit ist Ehrlichkeit – Treue zu den Fakten. Doch Wahrheit ist grundlegender und weniger nüchtern. Wichtig ist Wahrheit uns selbst gegenüber – Treue zu unserer inneren Stimme, der Stimme der tiefen Weisheit (das ist nicht dasselbe wie Volksweisheit), des Gewissens (sich von Druck oder Dogmen nicht verwirren lassen) und des instinktiven Selbst-Verständnisses (nicht dasselbe wie Instinkt an sich).

Wahrheit im Sinn von Treue ist ein Maßstab für ein spirituell bewusstes Leben. *„Bin ich wahr?"*, könnten wir uns fragen. Sind wir uns selbst und anderen gegenüber treu? Wenn die Antwort nein lautet, ist etwas falsch. Es scheint, als ob wir in unserem spirituellen Kern einen Grundstock an tiefen Wahrheiten besitzen, die uns sagen, was richtig und was falsch ist. So kennen wir normalerweise tief im Inneren die Antwort ohne nachzudenken. Die Wahrheit findet ihren Weg zur Oberfläche. Das heißt aber nicht, dass wir ihr nicht unbewusst Hindernisse in den Weg legen. Volle Selbst-Kenntnis heißt, diese Hindernisse zu verstehen. Nach der Selbst-Kenntnis zu leben heißt, sie zu beseitigen.

Vielleicht ist die Frage nach der Wahrheit für einige schwer zu beantworten. Wir könnten glauben, dass wir wahr sind (wahrhaft ist etwas anderes), aber uns nicht sicher sein. Wenn dem so ist, müssen wir an etwas in unserem Leben arbeiten. Wenn wir völlig bewusst sind, werden wir die Antwort *„Ja"* ohne Zweifel geben.

Wie verhält sich Wahrheit zu Wahrhaftigkeit, zu genauen, sachlichen Antworten oder Aussagen, die mit Fakten belegt werden können? Das ist ein grundlegendes moralisches Thema, das sich auf eine einfache Frage reduzieren lässt: Darf man lügen? Wir alle kennen das schlechte Gefühl, wenn man lügt – unser Unwohlsein zeugt davon, dass wir die Wahrheit wissen, auch wenn wir sie nicht sagen. Wir fühlen uns schuldig, wenn wir aus Eigeninteresse lügen oder feige sind. Diese Gefühle zeigen, dass wir den Unterschied zwi-

Ich spreche die Wahrheit, nicht so, wie ich wünschte, doch soviel ich wage; und ich wage mehr, je älter ich werde.

·

Michel de Montaigne
(1533 – 1592)

Wahrheit und Ehrlichkeit

schen richtig und falsch kennen. Wir können jemand anderem zuliebe lügen, um ihn nicht zu verletzen oder ihn vor einer unangenehmen oder schmerzvollen Situation zu schützen. Doch unsere Motivation, so altruistisch sie auch scheint, kann sich im Nachhinein als Eigeninteresse herausstellen. Wenn wir Informationen zurückhalten und etwa einem Freund nicht sagen, dass wir mit seinem Benehmen nicht einverstanden sind, sind wir dann wirklich selbstlos oder zensieren wir die Wahrheit um unserer Ruhe willen? So etwas absorbiert Energie: Wenn wir unsere Geheimnisse eifersüchtig bewachen, kann es sein, dass wir unbewusst Energie zurückhalten. Wir müssen wachsam gegenüber diesen Tricks des Ego sein.

Wahrheit kann große Veränderungen bewirken, und wenn wir sie aussprechen, müssen wir das genau und sorgfältig tun. Was wir anderen sagen, ist eines der Geschenke des Geistes, auch wenn die Botschaft manchmal nicht angnehm ist. Es wäre arrogant und unsensibel, uns des Einflusses unserer Worte nicht bewusst zu sein. Die Wahrheit unüberlegt zu schnell vorzubringen, kann manchmal ebenso bedauerlich sein, wie sie überhaupt nicht zu sagen.

Loslassen

Manchmal sind Dinge, die einfach klingen, sehr schwierig: die eigenen Gedanken zu fokussieren, uns selbst Fehler zu vergeben, sich Zeit für Kontemplation zu nehmen. Eine dieser scheinbar einfachen Handlungen ist das Loslassen. Wir verbringen viel Zeit damit, Energien für unsere Ziele zu sammeln: mehr Besitz, mehr Land, mehr Verständnis. Doch tatsächlich werden die wichtigen Projekte in unserem Leben nicht zerstört, wenn wir einige Zeit etwas anderes denken oder tun. Wir bleiben dieselben, wenn wir eine Woche zurückgezogen, ohne auch nur einmal an unsere Freunde zu denken, verbringen. Solche Zeiten sind erfrischend und ausgleichend. Im Grunde bedeutet loslassen, exzessive Bindungen an materiellen Besitz, Emotionen und unseren Lebensstandard zu vermindern. In einer Welt, in der Objekte zum Festhalten geschaffen werden, können wir uns weigern, unsere Werte durch das falsche Verlangen nach Gütern korrumpieren zu lassen. Man lehrt uns, unseren Emotionen freien Lauf zu lassen, weil deren Unterdrückung innere Turbulenzen verursacht. Sie wild auszuleben, führt jedoch zu Chaos in der äußeren Welt. Eine bessere Variante ist es, Emotionen loszulassen und so Frieden zu erlangen. Auch wenn die Gegenwart angenehm ist, ist es wichtig zu überprüfen, welche Bindungen wir stärken sollten, um uns von unzuverlässigen Abhängigkeiten zu befreien.

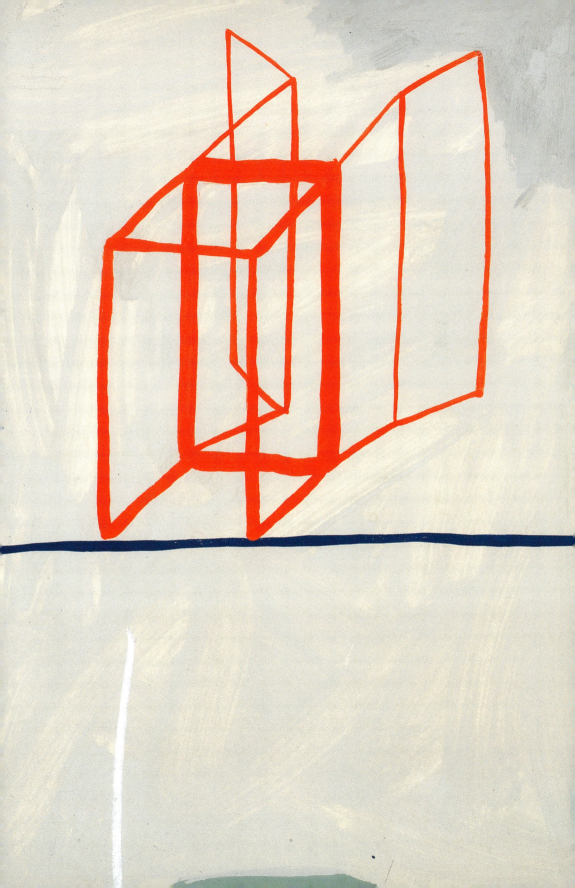

Loslassen

Dinge zurechtrücken

Der Begriff *Fetisch* stammt von einem portugiesischen Wort für „Zauber". Seeleute verwendeten es im 16. Jahrhundert für bizarre Objekte aus Holz und Lumpen, die von den Ureinwohnern Westafrikas angebetet wurden. Die Seeleute hielten sie für wertlos, von den Afrikanern wurden sie jedoch verehrt, weil sie glaubten, dass Geister in ihnen wohnten. Heute umgeben wir uns mit unseren eigenen Fetischen – Autos, Häuser, Kleidung und so weiter. Tragischerweise ist der Geist, mit dem wir diese Objekte ausstatten, unser eigener. Wir erlauben Dingen, unseren Wert zu definieren, und ihr Erwerb ist eines unserer zentralen Ziele.

Denen, die dieser Falle zu entkommen versuchen, erscheint Materialismus als Erzfeind der Spiritualität. Der Weise darf sich nicht an die Welt binden, behaupten sie und zitieren asketische Figuren wie Ghandi, um diese Meinung zu unterstützen. Gleichzeitig scheint Reichtum Mitgefühl, Geduld und Weisheit auszuschließen. Materialismus und Stolz sind mit dem Ego verbunden und der Erwerb, seine charakteristische Aktivität, führt zu einer falschen Definition des Selbst-Wertes.

Antimaterialismus kann jedoch auch zum Fetisch werden und ist dann ebenso hinderlich für das Wachstum der Seele. Amerikanische Ureinwohner veranstalteten Potlatches, Feste, bei denen die Menschen ihre Besitztümer hergaben oder zerstörten. Wertvolle Güter wie Kanus und Seeotterpelze wurden zeremoniell verbrannt. Als die spirituelle Dimension des Festivals zurückging, wurden die Potlaches zu Wettbewerben. Sich weniger großzügig zu zeigen als ein Konkurrent, bedeutete einen äußerst erniedrigenden Gesichtsverlust.

Der Potlach erteilt eine Lektion: Das Meiden der materiellen Welt ist nicht automatisch eine Quelle spiritueller Segnung. Was wir überwinden müssen, ist die Vorstellung, dass Besitz unseren inneren Wert reflektiert. Es ist nichts Schädliches daran, etwas Schönes zu kaufen, das uns Vergnügen bereitet. Gefahr tritt ein, wenn das, was wir kaufen, uns Stolz, Bestärkung oder Sicherheit gibt. Durch so genannte „Kauftherapie" mag es uns kurzfristig besser gehen, doch sie bestärkt das Verständnis des Selbst als Eigentümer. Wenn wir unsere Energien

Dinge zurechtrücken

materiellem Besitz widmen, lenken wir uns von unserem Lebensziel ab. Je mehr wir unser materielles Verlangen füttern, umso hungriger wird es.

Im besten Fall liefert materieller Besitz eine Verbindung zur Vergangenheit und zur Zukunft. Auch Völker, die ihre Kultur mündlich tradieren, geben Erbstücke als eine Art Beleg für die Geschichten, die sie erzählen, weiter.

Wenn wir dem, was außerhalb unseres Selbst liegt, keinen Wert beimessen würden, gäbe es keine Kunst, keine Technologie und wahrscheinlich keine Veränderung. Die Herausforderung ist, uns zu erinnern, dass unser Wert angeboren und unverletzlich ist und dass der Wert eines Objektes – sei es ein Kunstwerk oder ein Sportwagen – in dem liegt, was es ist, in seiner Schönheit oder seinem Nutzen und nicht darin, ob wir es uns leisten können oder seinen Verlust befürchten.

Indem wir uns mit Besitz umgeben, schaffen wir Schutzwälle und Ablenkungen, die uns versklaven. Unser erleuchtetes Selbst-Bewusstsein rückt die Dinge an ihren Platz und wir gewinnen unsere Freiheit zurück. Damit einher geht eine völlig neue Art, die Welt zu sehen und in ihr zu sein.

Loslassen

Gelassenheit entwickeln

Merkwürdigerweise teilt die westliche Kultur, deren Einstellungen stark durch den ökonomischen und politischen Status des Mannes beeinflusst sind, mit vielen mystischen Traditionen ein Misstrauen gegenüber den Emotionen. Weil die Vernunft uns von den Tieren unterscheidet, wird argumentiert, dass sich unsere sozialen und persönlichen Hoffnungen durch die Betonung der Vernunft erfüllen können. Doch die moderne Psychologie behauptet, dass wir, statt unsere Emotionen zu beherrschen, im Einklang mit ihnen leben und ihre Energie nutzen sollten. Indem wir unsere Emotionen einfach unterdrücken, bringen wir uns aus der psychischen Balance und das Glück bleibt uns versagt.

Was sollten wir mit Emotionen

tun? Diese Frage ist für spirituelles Bewusstsein zentral. Zunächst müssen wir verstehen, was Emotionen sind. Das ist schwierig, weil wir ihnen oft zu nahe sind, um sie klar wahrnehmen zu können. Einen Schritt zurückzutreten und Emotionen objektiv zu sehen, ist eine wertvolle Lektion. Es ist nicht leicht, Emotionen beizukommen, weil wir sie als chemische Wallungen erleben, die ungewollt sowohl mit vernünftigen, als auch mit fühlenden Teilen unseres Selbst kommunizieren. Die Chemie der Emotionen ist noch nicht vollständig erforscht, doch wir können ihre Natur als Aufruhr des Ego begreifen, das erfolglos versucht, die Welt nach seinem Willen zu formen.

Ende des 19. Jahrhunderts unternahm der Psychologe William James einen radikalen Angriff auf die Vorstellung, dass wir, wenn wir zum Beispiel einen Bären sehen, automatisch Angst bekommen und davonlaufen. James behauptete, dass wir in Wirklichkeit instinktiv davonlaufen und dann Angst fühlen, weil wir laufen: Die Emotion wird also durch die physiologische Reaktion auf einen Reiz hervorgerufen, nicht umgekehrt. Obwohl sich diese Theorie in

*Wo der Wind
die Bäume
zusammengetrieben hat,*

*Wird ein Baum
einen anderen umarmen
und halten.*

*Ihre Zweige, die sich
wie verrückt
aneinander reiben,*

*Das ist kein echtes Feuer.
Sie brechen
einander.*

•

Paul Muldoon
(geb. 1952)

Gelassenheit entwickeln

ihrer ursprünglichen Form als nicht überzegend herausgestellt hat, besagt die darauf basierende „Verhaltensregel", dass Körperhaltung und Körperausdruck unsere Emotionen beeinflussen. So ist etwa ein echtes, warmes Lächeln ein gutes Gegenmittel bei Zorn, genauso wie es hilft, ruhig zu sitzen und die Atmung zu kontrollieren. Wir können geistige Balance erreichen, indem wir Haltung und Ausdruck unseres Körpers darauf abstimmen.

Mit der Zeit können wir alle lernen, Emotionen im Einklang mit spirituellem Frieden in neutrale oder positive Gefühle zu transformieren. Wenn Sie die ersten Anzeichen des Sturms in sich spüren, nehmen Sie das als Anlass innezuhalten und zu beobachten, was passiert. Stellen Sie sich vor, Sie stehen am Strand und sehen die Flut herannahen. Wenn Sie mental möglichst ruhig verharren, Ihr Denken verlangsamen, im Augenblick leben und sich gleichzeitig auf tiefe Atmung konzentrieren, werden Sie die Flut sinken sehen.

Sie können Emotionen als Gezeiten sehen, die den wahren Fluss Ihres Lebens, die Bewegung des Geistes, stören. Wir leben in einem mentalen

Loslassen

Raum, in dem diese Gezeiten häufig und unvorhersagbar passieren. Doch wenn wir lernen, sie durch uns hindurchfließen zu lassen, ohne Denken und Verhalten zu beeinflussen, so wird unser spritueller Strom seinen wahren, friedlichen Kurs beibehalten.

Man könnte denken, dass der Umgang mit Emotionen nicht geübt werden kann: Jedes Mal, wenn wir mit Zorn, Eifersucht oder Begierde konfrontiert sind, ist es echt – eine Reaktion auf einen Reiz, den wir nicht kontrollieren können. Das stimmt nicht ganz, denn wir erleben auch in der Erinnerung starke Emotionen. Wenn wir zum Beispiel einem Freund den Ärger über das Benehmen eines Kollegen schildern, erleben wir den Aufruhr oft nochmals. Um emotionale Akzeptanz zu üben, versuchen Sie, ein ärgerliches Erlebnis in der Erinnerung möglichst lebhaft wieder zu erleben, bis Sie es mit Ruhe tun können. Wiederholen Sie die Szene laut für sich und zitieren Sie Originaldialoge. Sie können Ihre Geschichte auf Band aufnehmen und anhören, bis alle aufrührenden Spuren ausgelöscht sind. Wenn Sie das geschafft haben, versuchen Sie, die Begebenheit ohne emotionale Regung einem Freund zu erzählen. Stellen Sie sich vor, Sie wären ein unbeteiligter Zuschauer. Oder Sie stünden vor Gericht: Jede emotionale Regung verärgert den Richter und verlängert Ihre Strafe um Jahre. Solche Übungen haben bald einen reinigenden Effekt, der Sie von emotionalen Wallungen distanziert.

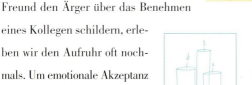

Auch in realen Situationen kann ein Wechsel der Perspektive hilfreich sein. Das kann räumlich geschehen, so dass Sie die Szene scheinbar durch die Augen eines anderen erleben. Vielleicht verschieben Sie Ihren Blickpunkt in den Himmel, bis Sie und alle Beteiligten zu winzigen Figuren in der Landschaft werden. Oder Sie versuchen, statt der räumlichen die zeitliche Dimension zu vergrößern. Treten Sie im Geiste einen Schritt zurück und sehen Sie die Begebenheit als Ereignis in der Vergangenheit. Wie werden Sie darüber in einem Jahr denken? Stellen Sie sich vor, Sie wären eine ältere, weisere Person, die durch die Zeit gereist ist, um eine Periode emotionaler Turbulenzen zu besuchen. Solche mentalen Hilfen erschaffen neue Muster in Ihrer inneren Welt. Sie werden sie nicht mehr benötigen, wenn emotionale Distanzierung ein Reflex Ihres Geistes wird.

Gelassenheit entwickeln

Übung 10

Der Zeuge und der Wirbelwind

Wenn wir stark emotionalisiert sind, fühlen wir uns manchmal wie in einem Wirbelsturm. Wir müssen uns davon lösen und das ruhige Zentrum des Sturmes lokalisieren, um unsere Haltung zurückzugewinnen.

1. Erinnern Sie sich an eine turbulente Episode in Ihrer Vergangenheit. Wählen Sie eine mit vielen widersprüchlichen Emotionen, die Sie verwirrt haben.

2. Stellen Sie sich vor, Sie sitzen auf einem leicht erhöhten Drehstuhl und werden von vielen Menschen befragt, von denen jeder eine Ihrer Emotionen repräsentiert. Abwechselnd stellen sie Ihnen Fragen zu dem Ereignis oder den Ereignissen.

3. Zuerst werden Sie herumwirbeln, um die Fragenden zu sehen. Widerstehen Sie diesem Impuls. Sitzen Sie mit dem Gesicht nach vorne und lassen Sie die Frager vor sich treten. Lassen Sie sie immer schneller wechseln.

4. Beachten Sie, wie daraus ein beruhigendes, verwischtes Bild wird und die Stimmen zu einem entspannenden Summen. Denken Sie an Ihre Emotionen, besonders an die anklagenden und flehenden, die Sie umschwirren, während Sie gelassen im Zentrum ruhen.

Loslassen

Befreien von Abhängigkeiten

Bindung ist ein Zustand, in dem wir nicht fähig sind, gewisse Dinge zu akzeptieren. Aus mangelndem Glauben an uns selbst hängen wir an materiellem Besitz als Ersatz für Selbst-Wert. Wir verharren in Gewohnheiten und Ablenkungen. Wir reagieren emotional, wenn das Leben nicht wie geplant verläuft oder das Ego eine Chance sieht, sich aufzublasen. Bindungen belasten unseren Geist: Die Anker des Ego werden zu Fesseln, auch wenn wir sie nicht immer als solche wahrnehmen.

Nehmen wir an, Sie bitten mich um spirituellen Rat und ich empfehle Ihnen, Ihre samstäglichen Einkaufstouren aufzugeben. Sie glauben vielleicht, etwas zu verlieren, doch Sie verlieren nichts, Sie werfen etwas ab. *„Meine Samstage bedeuten mir so viel"*, sagen Sie. Doch der Wert, den Sie ihnen beimessen, muss umgedreht werden. Was Sie glauben verloren zu haben, haben Sie viele Male gewonnen. Indem Sie meinen Rat annehmen, lichten Sie das Dickicht der Bindungen, so dass Sie das Geschenk des Selbst finden können.

Emotionale Bindung ist ein heikles Gebiet, weil manche glauben, Emotionen hätten einen Wert an sich. Doch Friede stellt sich ein, wenn wir unsere Emotionen durch uns hindurchfließen lassen, weit weg, wo sie keinen Schaden anrichten können.

Nicht-Verhaftet-Sein heißt nicht, Verantwortung, Verpflichtung oder Liebe zu leugnen: Es heißt, diese Dinge emotionslos zu sehen, im Kontext höherer Werte – Verantwortung und Verpflichtung werden gewählt, nicht durch sozialen Druck erzwungen, und wahre Liebe ist selbstlos.

Stellen Sie sich vor, Ihr Partner sagt eines Tages, dass er ein tiefsitzendes Bedürfnis verspürt zu gehen. Der Schmerz, den Sie empfinden, wenn Sie diese Person sie selbst sein lassen, ist der Schmerz der Bindung. Der Mut, den Sie zeigen, wenn Sie ihr Ihren Segen geben, ist ein Aufwallen von Liebe aus dem Geist. Nicht-Bindung führt zu Friede, weil sie Werte über jenen Bereich erhebt, in dem wir verwundbar sind – über die veränderliche Welt emotionaler Abhängigkeiten hinaus in die unveränderliche Welt des Geistes.

Befreien von Abhängigkeiten

Übung 11

Der Garten der Welt

Im Herzen des Nicht-Verhaftet-Seins liegt das Wissen, dass das Leben im Fluss ist. Emotionale Zustände und Beziehungen ändern sich ständig. Manches wird sterben, doch stets wird etwas an seiner Stelle wachsen.

1. *Stellen Sie sich Ihren Verstand als verwilderten Garten vor. Wenn Sie sich durch Verpflichtungen gebunden fühlen, denken Sie sich den Garten von Unkraut überwuchert, vielleicht mit einem stillgelegten Brunnen.*

2. *Gehen Sie jeden Tag in den Garten und arbeiten Sie ein bisschen. Jäten Sie und mit jedem Unkraut, das Sie entfernen, erlauben Sie sich selbst eine neue Freiheit – eine kleine Pause von den Anforderungen des Lebens.*

3. *Setzen Sie den Brunnen instand. Sehen Sie das fließende Wasser als Ihre persönliche spirituelle Quelle, die Tugenden des Geistes vergießt (Frieden, Liebe, Wahrheit, Stärke, Glück). Wenn Sie sich entmutigt fühlen, trinken Sie daraus und lassen Sie sich erfrischen.*

4. *Stellen Sie sich gesunde Beziehungen als blühende Blumen vor. Sehen Sie nach, ob Sie Gewohnheiten oder Routinen beschneiden müssen. Sie geben so der Pflanze Vitalität zurück und schaffen Platz, damit eine neue Blüte, ein tieferer Aspekt der Beziehung, wachsen kann.*

Loslassen

Das Leben annehmen

Eine zentrale Vorstellungen vieler Glaubenssysteme ist, dass es nicht nur zwecklos, sondern kontraproduktiv ist, einer Bedrohung Widerstand zu leisten. Sie wird dadurch nur stärker. Sich in eine Situation zu fügen, ist oft der beste Weg zu überleben – das wird in der Parabel vom Schilf deutlich, das sich im Wind biegt, während die Eiche gespalten wird. Angesichts der furchteinflößenden Kräfte der Natur und der Hindernisse, die wir auf dem Pfad der Hoffnungen und Träume finden, ist Inflexibilität der Katalysator unserer Selbstzerstörung.

Dieser Zugang zum Leben wurde am gründlichsten im Taoismus erforscht, der vor mehr als 2 000 Jahren in China entstand. Die zentralen taoistischen Gedanken finden sich im *Tao-Te-Ching*, das dem Weisen Lao-tse zugeschrieben wird. Die ersten Taoisten dürften aber Eremiten gewesen sein, die in frühen chinesischen Chroniken als „die sich selbst verbergen" bezeichnet werden. Betont wird die Schwierigkeit, in einer von Machtkampf und persönlichem Ehrgeiz geprägten Gesellschaft zu leben. Dem *Tao-Te-Ching* zufolge sollte auch ein König „nur durch Inaktivität handeln", weil sich der Staat von selbst gemäß der natürlichen Ordnung der Dinge entwickelt.

Das „Nicht-Handeln" (*wu-wei*) der Taoisten ist nicht Schwäche oder Faulheit, sondern bedeutet natürliches, spontanes Handeln, so dass alles wie von selbst zu geschehen scheint. Der Weise erlangt das durch perfekte Verschmelzung mit dem Tao (Weg), der ewigen, kreativen Kraft, die der Anfang und das Ende aller Dinge ist. Es fließt ohne Hindernis durch ihn hindurch. So wird er selbst grenzenlos und unsterblich. Er agiert auch, wie das Tao, ohne Anmaßung oder Parteilichkeit. Wie die meisten mystischen Traditionen empfiehlt der Taoismus Meditation, um den Geist zu leeren und eine

Tao ist das Ewige ohne Tun und doch bleibt nichts ungetan.

...

*Was halb ist, soll ganz werden. Was krumm ist, soll gerade werden.
Was leer ist,
soll voll werden.*

...

*Ohne aus dem Haus zu gehen, kennst du die Welt.
Ohne aus dem Fenster zu sehen, siehst du das Tao des Himmels.
Je weiter du gehst, umso geringer wird dein Wissen.*

•

Tao-Te-Ching
(6. oder 5. Jahrhundert v. Chr.)

Das Leben annehmen

Vereinigung mit dem Tao zu erreichen, die tiefer geht als das bewusste Denken. Eine andere Methode ist Atemkontrolle, die den Fluss universeller Energie durch den Körper erleichtert.

Das Verlangen ist die größte Ablenkung vom wahren Weg. Es wird meist durch eine weltliche Erziehung verstärkt, die uns dazu bringt, mehr zu wollen. Erleuchtung ist ein Prozess des Verlernens, um zur Einfachheit zurückzukehren. Viele taoistische Parabeln predigen den Wert des „Nutzlos-Seins".

Die Phrase „Kampf oder Flucht" beschreibt die klassische menschliche Reaktion auf eine Bedrohung. In der modernen Wettbewerbswelt gilt es als Schande, in einer Situation nicht zu kämpfen, sondern davonzulaufen. Flucht legt natürlich Angst nahe – eine weitere Emotion. Gibt es keine dritte Möglichkeit? Warum stehen wir nicht still und blicken der Situation ins Auge, nehmen ihre Bedeutung auf und lösen uns dann von ihren Auswirkungen?

Der Taoismus und die Schulen der Philosophie und der Kriegsführung, die aus ihm hervorgingen, lehren diesen dritten Weg. Einer Legende zufolge wurde das Kampf- und Trainingssystem, das wir als *T'ai Chi Chuan* kennen, im 12. Jahrhundert von einem Einsiedler namens

Loslassen

Chang San Feng erfunden, nachdem er einen Kampf zwischen einem Kranich und einer Schlange beobachtet hatte. Das Schlängeln der Schlange machte die Schnabelstöße des Kranichs völlig ineffektiv. Der Eremit sah dies als Beweis des Spruches im 43. Vers des *Tao-Te-Ching*: „Die nachgiebigsten Dinge des Universums überwinden die härtesten."

Das Buch *Tai Chi Chuan*, im 19. Jahrhundert zusammengetragen, beschreibt die Prinzipien dieses Systems: „Man sollte sich dem leichtesten Druck beugen und an den leichtesten Rückzug halten. Der ganze Körper ist so feinfühlig, dass keine Feder sich niederlassen kann, ohne ihn in Bewegung zu versetzen. Der Geist ist ruhig und der Körper friedlich. Achte auf die Richtung des Denkens."

Feinfühligkeit ist wichtiger als Stärke und Erfolg stellt sich nicht durch das Meistern von Umständen ein, sondern durch ihre Beantwortung mit dem höchsten Ausmaß an Freiheit, Unmittelbarkeit und Spontanität.

Es gibt eine interessante Parallele zum emotionalen Wohlbefinden in Familien. Verhaltenstherapeuten fanden heraus, dass Eltern und Kinder in Familien mit großen Problemen entweder völlig unnachgiebig oder extrem konfliktscheu sind, so dass sie alles tun würden, um Schwierigkeiten zu vermeiden. Die besten Familien hingegen gehen spielerisch miteinander um, indem sie ständig Stärke und Wesen ihrer Beziehung testen, doch stets rasch und wohlwollend auf die Stimmungen der anderen reagieren. Der Weg des geringsten Widerstands bedeutet, dass wir Themen und Probleme wahrnehmen, anhören und aufnehmen, sie jedoch auch wieder fallenlassen dürfen. So können Emotionen den Geist nicht vernebeln.

Es gibt eine *Tai-Chi*-Übung, die einen Eindruck von dieser freifließenden Feinfühligkeit vermittelt und auch als Meditationshilfe dienen kann. Setzen Sie sich einem Partner sehr nahe gegenüber. Strecken Sie Ihre Arme aus, und legen Sie Ihre Handflächen flach an die Ihres Partners. Dann beginnen Sie beide, vorzudrücken und zurückzuweichen. Nach einiger Zeit sollte einer von Ihnen (legen Sie vorher fest, wer) den Bewegungen des anderen folgen und aufhören, Widerstand zu leisten. Nach einer Weile werden Sie erstaunt sein, dass Ihre Hände sich scheinbar von selbst vor- und zurückbewegen. Wiederholen Sie die Übung mit geschlossenen Augen und fokussieren Sie den Fluss Ihrer Hände.

Das Leben annehmen

Übung 12
Aufwärts fließen

Diese Übung wurde von einem Mönch während der Besteigung des Adams Peak in Sri Lanka beschrieben. Sie zeigt, wie einfach die schwierigsten Aufgaben sein können, wenn man sie richtig angeht. Erklimmen sie einen Hügel, einen Berg oder die Stiegen eines Wolkenkratzers – etwas, das so anstrengend ist, dass Sie es normalerweise nicht versuchen würden.

1. Gehen Sie so langsam, wie Sie sich nur vorstellen können, und verlangsamen Sie dann noch mehr. Sie sind wie ein Chamäleon, das sich langsam auf einem Ast an seine Beute anschleicht. Konzentrieren Sie sich beim Gehen auf Ihren Atem.

2. Denken Sie sich eine Hand auf Ihrem Rücken, die Sie sanft aufwärts schiebt. Stellen Sie sich vor, Sie fließen den Hügel oder die Stufen hinauf. Erleben Sie das physisch, visualisieren Sie die Bewegung, ihr Tempo und ihre Grazie. Wenn Sie das Gefühl des Fließens verlieren, abgelenkt werden oder zu schnell werden, beginnen Sie von vorne und konzentrieren sich auf Ihren Atem.

3. Es ist leicht zu überprüfen, ob Sie die Übung richtig gemacht haben: Sie werden oben entspannter sein und mehr Energie haben als zu Beginn.

Geschenke der Welt

Wenn Geist rein und ohne Form ist und Schönheit aus sich selbst entfaltet, wie sehen wir dann die Welt um uns? Wie bringen wir die vielfältigen Phänomene, die wir mit unseren Sinnen wahrnehmen, in Zusammenhang? Wenn wir Natur oder Kunst Schönheit zuschreiben und gleichzeitig sagen, dass alle ultimativen Werte im Inneren liegen, widersprechen wir uns nicht? Es gibt keinen Widerspruch, weil alles, was wir als schön erleben, ein Geschenk ist – Beweis dafür, dass uns unsere in die Welt ausgestrahlte Liebe zurückgegeben wird. Wenn wir einen Ausblick, ein begnadetes Portrait oder ein ergreifendes Quartett genießen, blickt unser Geist in einen Spiegel und sieht seine eigene Schönheit reflektiert. Unsere Sinne sind Boten, die uns Nachrichten über unsere Umwelt bringen. Eines unserer Geburtsrechte ist die Natur, übervoll mit Objekten, auf die der Geist seinen Blick richten kann. Ebenso bietet sie eine stille Umgebung für Meditation, reich an Symbolen, die den Weg zu spirituellen Einsichten weisen können. Ein weiteres Geburtsrecht ist Fantasie, deren Kraft sich in Werken zeigt, die inspirierende Eindrücke von ewigen Wahrheiten bergen. Doch wir alle sind Künstler, deren Meisterwerk das erleuchtete Selbst und der Nutzen aus unserem Selbst-Bewusstsein ist. Ein Akt der Liebe oder der Vergebung ist ein kreativer Akt, der die Welt erleuchtet.

Geschenke der Welt

Landschaft und Sinne

Der Glaube an Wert und Schönheit der Natur und der an die Realität unserer spirituellen Schönheit verstärken sich gegenseitig. Spirituelles Bewusstsein ist das Gegenteil von Egotismus: Es ist ein grundlegender Selbst-Respekt, der unaufhörlich in eine selbstlose Liebe überfließt. Dieses Aufwallen der Liebe strömt in andere Menschen und kann auch ihren Geist bereichern. Doch die Liebe, die wir geben, ist nicht exklusiv, wir wählen keine Individuen zur Spezialbehandlung aus, sondern sie ist ein grenzenloser Fluss in alle Richtungen. So ergießt sich unsere Liebe auch in die Welt der Natur und stattet sie mit Bedeutung und Zweck aus. Gleichzeitig sind wir für alle guten Dinge dankbar. Diese Dankbarkeit, eine Ahnung von erwiderter Liebe, ist der Kern unseres Schönheitserlebens.

Moderner Lebensstil bringt eine Distanz zwischen uns und die Natur. Das ist schade, weil wir eine materielle Reflexion unserer eigenen spirituellen Schönheit erleben, wenn wir Berge und Täler, Seen, Wälder, Sonnenaufgänge oder das gerippte Muster eines Blatts betrachten. Nur durch die Schönheit des Geistes können wir die Natur bewundern. Wir sind mit Privilegien geboren. Es wäre Verschwendung, diese nicht zu nutzen. Die äußere Schönheit der Natur ist nicht der größte Wert, da sie von der Schönheit des Geistes hervorgebracht wird. Sie ist jedoch eine Verheißung unserer Möglichkeiten als menschliche Wesen, Antwort auf unsere spirituellen Kräfte, wenn nicht spirituellen Bedürfnisse. Eine schöne Blume oder der Anblick des Grand Canyon erinnert an den Geist so wie der Ruf der wilden Schwäne an die Schwäne selbst.

Manchmal sprechen wir von der Natur als „erhaben", doch das kann in die Irre führen. Die Romantiker verwendeten dieses Wort im späten 18. und frühen 19. Jahrhundert, um die ehrfürchtigen Gefühle angesichts eines schwindelerregenden Gipfels, Wasserfalls oder Abgrunds zu beschreiben. Darin lag ein Hauch von Selbsterniedrigung, die Vorstellung vom winzigen menschlichen Wesen, das machtlos in Gottes Hand ist. Doch anstatt sich masochistisch vom Erhabenen fesseln zu lassen, wäre es angemessener, die Souveränität

> *Die Erde bindet als Gegenleistung für ihren Dienst den Baum an sich, der Himmel fordert nichts und lässt ihn frei sein.*
>
> Rabindranath Tagore
> (1861 – 1941)

Landschaft und Sinne

des Selbst zu erkennen. Wir kontrollieren unsere Umwelt. Welcher Ort würde sich besser eignen als ein Berggipfel fernab von menschlichen Ablenkungen, um in Ruhe und Stille zu meditieren?

Die Antwort könnte lauten: ein Garten. Gärten sind das Gegenteil des Erhabenen: Natur, eher von menschlichem Schaffen gezähmt als in ihrer ehrfurchtgebietenden Kraft. Zudem haben Gärten als Orte für gehende oder sitzende Kontemplation den Vorteil, leicht erreichbar zu sein. Durch einen Garten zu gehen, sich erst im letzten Moment für einen Weg zu entscheiden, sich Zeit für das Bewundern von Blumen oder Beeren zu nehmen, für grüne Schattierungen, wechselnde Böden, plötzliche Ansichten, die sich eröffnen – diese Erfahrungen vereinigen sich zu einem Vergnügen der Sinne und bieten gleichzeitig eine entspannte Gelegenheit für das sanfte, meditative Spiel des Geistes auf den Oberflächen der Welt.

Die Landschaft, ob natürlich oder von Gärtnern „verbessert", ist reich an äußeren Bildern, die grundlegende innere Realitäten reflektieren. In der Literatur finden wir schon im Mittelalter Beschreibungen der Natur als Buch der Weisheit: Wir müssen nur umblättern, das heißt, durch das Land oder den Garten gehen, um inspirierende, morali-

Geschenke der Welt

sche Lektionen zu finden. Bäume stehen für Geduld und Stärke, Schilf für Flexibilität, Blumen für Schönheit oder Tugend. Spezielle Blumen hatten, besonders zu viktorianischer Zeit, ihre eigene Symbolik. Diese Vorstellung kann für den Zweck der Selbsterforschung adaptiert werden, wobei wir „moralisch" durch „spirituell" ersetzen. Versuchen Sie es, wenn Sie das nächste Mal wandern: Vielleicht steht ein steiniger Pfad für die Hindernisse, die Sie auf Ihrer spirituellen Reise überwinden müssen: Benennen Sie diese, während Sie dem Pfad folgen. Vielleicht tröpfelt ein kleiner Bach in einen Teich – die Musik der spirituellen Erfüllung. Oder es gibt ein schattiges Efeugewächs – seine gewundenen Ranken repräsentieren den weitreichenden Einfluss spiritueller Energie.

Solche Übungen sind lehrreich, um den Verstand für neue Wege des Denkens zu öffnen. Sie dehnen die Fantasie und machen sie wendiger. Doch man sollte sie eher gelegentlich als regelmäßig machen, da sie die Gefahr bergen, die Welt der sinnlichen Erfahrungen zu über-intellektualisieren. Das bringt uns zu einem Paradoxon im Kern vieler Meditationen. Einerseits ist es das Ideal, uns unseres Selbst als reinem Geist bewusst zu sein, andererseits streben wir danach, achtsam zu sein, Phänomene direkt durch die Sinne zu erleben, ohne dass das Ego unsere Wahrnehmung stört. Die Natur, abseits aller sozialen Ablenkungen, ist die perfekte Umgebung, um diese empfindliche Balance zu erreichen. Im Bewusstsein des Guten und der ultimativen Realität des Geistes, nehmen wir den Regentropfen wahr, der über ein Blatt rollt und zur Erde fällt – ein Augenblick, begriffen nur innerhalb der allumfassenden Herrschaft des Geistes.

Suchen Sie ein kleines Stück Natur in der Nähe und lernen Sie es gut kennen – vielleicht eine Lichtung im Wald, das Ufer eines Teichs, ein abgeschiedenes Wäldchen im öffentlichen Park. Besuchen Sie es zu allen Jahreszeiten, beobachten Sie die Veränderungen und das Wachstum von einem Jahr zum nächsten. Pflegen Sie das Plätzchen – etwa, indem Sie Unrat entfernen oder sicherstellen, dass Blumen nicht durch wuchernde Pflanzen verdrängt werden. Stellen Sie sich bei Ihren Besuchen vor, eine kleine spirituelle Pilgerfahrt zu unternehmen, und meditieren Sie. Nehmen Sie Blätter oder Souvenirs mit nach Hause als Zeichen der Schönheit, die jenseits der dröhnenden Stadt wartet.

Landschaft und Sinne

Übung 13

Eine Wanderung

Eine Wanderung ist wie das Auspacken eines Geschenks. Wir müssen das Papier geduldig und respektvoll entfernen, sonst beleidigen wir den Schenkenden. Auch wenn unsere Sinne nicht unser größtes Geschenk darstellen, sind wir nicht völlig bewusst, wenn wir sie auf einer Wanderung nicht verwenden. Folgende Punkte machen einen Spaziergang in der Natur zum spirituelleren Erlebnis.

1. Würdigen Sie die Geräusche und Gerüche. Sind sind ebenso Geschenke der Natur wie die Ansichten. Stellen Sie sich die Geräusche als Musik der Natur vor, die Düfte als ihren Atem. Wenn Wind weht, sind Sie doppelt gesegnet: Beobachten Sie, wie er durch Bäume, Büsche und Gräser fährt, wie er Vögel in der Luft hebt.

2. Variieren Sie ihren Blick zwischen weiten und kurzen Distanzen. Bücken Sie sich, um kleine Blumen, Insekten und Ähnliches aus der Nähe zu sehen. Betrachten Sie Wolken und das wechselnde Licht.

3. Beobachten Sie die Blumen, Bäume und Vögel genau. Wenn Sie sie kennen, lassen Sie die Namen und Eigenschaften, an denen Sie sie erkennen, hinter sich und nehmen Sie sie wie zum ersten Mal wahr.

Geschenke der Welt

Der Reichtum des Augenblicks

Stellen Sie sich vor, Sie kochen für Freunde nach einem Rezept aus einem Buch. Sie haben alle Zutaten, die Sie benötigen – Gemüse, Kräuter, Nüsse, Gewürze – und eineinhalb Stunden Zeit, bevor Ihre Gäste kommen. Sie halten sich genau an die Anleitungen und Ihre Gedanken driften währenddessen zu den Menschen, die Sie zu sich nach Hause eingeladen haben. Werden sie gut miteinander auskommen, wird der eine noch immer unter seiner persönlichen Krise leiden, möchte ein anderer noch immer in die Berge? – Nach 50 Minuten sind Sie mit dem Kochen fertig und haben den Tisch gedeckt. Doch halten Sie einen Augenblick inne! Blicken Sie zurück auf die physische Erfahrung des Kochens im Unterschied zu den mentalen Überlegungen. Erinnern Sie sich an die Aromen, die Beschaffenheit und die Farben der rohen Zutaten, das Geräusch des Messers auf dem Hackbrett. Eine Mahlzeit zuzubereiten kann ein komplexes sensorisches Erlebnis sein. Doch wenn Sie nicht achtsam sind und die Momente nicht spontan genießen, entgeht Ihnen diese Erfahrung. Und die Antwort auf all die Fragen würde dann lauten: *Nein, ich erinnere mich nicht.*

Achtsamkeit ist die Kunst zu erkennen, dass jeder Moment seinen eigenen Wert hat, auch wenn er nicht mit unseren Ambitionen, Zielen oder Überlegungen zusammenhängt. Ein Fenster fleckenfrei zu putzen oder Blätter von der Veranda zu fegen, ist eine physische Erfahrung, die ihre eigene Bedeutung und Würde hat. Das ist einer der Gründe, warum Mönche vieler Glaubensrichtungen den spirituellen Wert landwirtschaftlicher Arbeit anerkennen – graben, säen und anderes, was wir für langweilig oder banal halten würden.

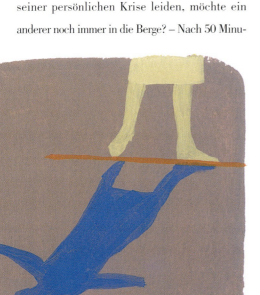

Der Reichtum des Augenblicks

Übung 14

Ein „achtsames" Abenteuer

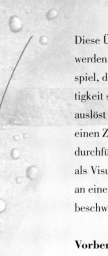

Diese Übung kann bei jeder Hausarbeit durchgeführt werden. Wir nehmen das Fegen von Blättern als Beispiel, doch es könnte auch jede andere repetitive Tätigkeit sein, die in uns Langeweile oder sogar Abscheu auslöst – Kartoffeln schälen, den Dachboden reinigen, einen Zaun streichen. Sie können die Übung real durchführen oder, wenn nichts Derartiges zu tun ist, als Visualisierung. Sitzen Sie in diesem Fall bequem an einem stillen Ort, schließen Sie die Augen und beschwören Sie die Bilder in Ihrem Kopf.

Vorbereitung
Wenn Sie über die bevorstehende Aufgabe nachdenken, versprechen Sie sich selbst, sich auf die physische Erfahrung an sich zu konzentrieren. Lassen Sie sich nicht von Gedanken an das, was Sie nachher tun werden oder durch Frustration, weil die Arbeit so langsam vor sich geht, ablenken.

Ausführung
Achten Sie während des Fegens auf all Ihre Sinne. Lauschen Sie dem wischenden Geräusch des Besens, dem Knistern des Beutels, in den Sie die Blätter füllen. Riechen Sie die zarten Aromen, die aus den Blättern aufsteigen. Sehen Sie Gestalt und Farben der Blätter – hierin liegt der sinnliche Reichtum des Herbsts.

Geschenke der Welt

Mond und Sterne

Wir haben uns an die Beschränktheit unserer Sinne gewöhnt, die nur bis an die Grenzen reichen, die uns die Biologie auferlegt hat. Wir können nur essen, was in unserer Reichweite liegt, uns mit jemandem fortpflanzen, den wir berühren, ein Kind beschützen, dessen Schreien wir hören. Tasten und Geschmack sind an den Körper gebunden. Der Geruchssinn hat eine kurze Reichweite. Das Hören reicht mittelweit, denn wenn wir im Boot den Wasserfall vor uns hören, haben wir bessere Überlebenschancen. Der fünfte Sinn, das Sehen, reicht im Alltag nur ungefähr 15 bis 20 Kilometer weit.

Wenn wir jedoch zu den Sternen aufblicken, sehen wir Sterne, die hunderte Lichtjahre entfernt sind. Es ist vielleicht unsere erstaunliche Fähigkeit zu sehen, die den provozierendsten Spekulationen über den Geist Raum bietet.

Die Plejaden, ein Sternenhaufen, der 415 Lichtjahre entfernt ist, kann auf der Nordhalbkugel in klaren Winternächten deutlich gesehen werden. Wenn wir Sternenkonstellationen betrachten, ist das eine Geste der Demut gegenüber dem Unendlichen. Wir erkennen seine Existenz, indem wir unsere Möglichkeiten so weit wie möglich dehnen.

Die Betrachtung des Sternenhimmels, der einst als Sitz der Götter galt, bringt uns dem Spirituellen näher. Wenn wir uns fragen, warum wir den Nachthimmel schön finden, denken wir nicht automatisch in den Kategorien für irdische Formen der Schönheit. Der Nachthimmel – im Moment lassen wir den Mond weg – ist eine Weite, die mit zufälligen Lichtpunkten übersät ist. Wir fühlen, dass Begriffe wie „rein", „unermesslich" und „absolut" etwas mit unserer Reaktion zu tun haben. Kann es dann nicht sein, dass die Freude, die wir an den Sternen haben, aus derselben Quelle in uns entspringt, die freudig auf den Geist antwortet, oder zumindest potenziell antworten kann? „Wie da oben, so da unten", lautet eine Redewendung von Astrologen, die die mystischen Verbindungen zwischen Himmel und irdischen Schicksalen umschreibt. Wir nehmen an, dass dieses Motto auch für die Parallelen zwischen dem Kosmos und der Unendlichkeit des Geistes in uns gilt. Vielleicht besteht kein Unterschied zwischen den beiden?

Meditieren Sie über den Mond. Betrachten Sie ihn durch ein Fernglas, am besten, wenn er dreiviertel voll ist, weil seine Krater dann am klarsten zu erkennen sind. Sehen Sie seine Merkmale an,

Mond und Sterne

solange Sie können. Betrachten Sie die scharfkantigen Kraterwände und die dunklen Flecken, die „Meere". Legen Sie das Fernglas beiseite und behalten Sie das Gesehene im Kopf, während Sie darüber nachsinnen.

Weder die Poesie noch andere Worte sind tiefgründiger als das Bild, das Sie soeben in sich eingelassen haben. Es gibt auch nichts Schöneres oder Wahreres. Stellen Sie sich all die Schönheit und Wahrheit vor, die sich in unendlichem Überfluss als Lichtgeschenk der spirituellen Quelle ergießt und sich auf Ihrem Geist reflektiert, so wie die Sonne vom Mond reflektiert wird. Oder denken Sie an einen großen, lange verstorbenen Weisen, dessen erleuchtete Weisheit durch seine Schriften Generationen später noch immer von unseren Seelen in die Welt reflektiert wird.

Der Mond steht jenseits der Veränderung. Wir würden nie daran denken, ihn zu ändern oder zu beeinflussen. Wir bedauern auch nicht, dass er uns stets dieselbe Seite zuwendet: Wir haben kein Bedürfnis, die dunkle Seite zu sehen. Dehnen Sie dieses tiefe Gefühl der Akzeptanz auf das Sonnensystem und seine Gesetze aus, einschließlich der Erde mit ihren Jahreszeiten, dem Kreislauf von Leben und Tod und der Unzerstörbarkeit des Geistes.

Geschenke der Welt

Die Wunder der Natur

Die Vorstellung von einem verlorenen Paradies, einer Zeit, in der die Natur gütig war und der Löwe sich mit dem Lamm vereinigte, übt auf die menschliche Fantasie große Anziehungskraft aus. Viele Mythen schreiben die Unbarmherzigkeit von Tieren beim Verteidigen ihrer Territorien und bei der Jagd den Missetaten des Menschen zu, der Gewalt in eine zuvor friedliche und perfekte Welt brachte. Das goldene Zeitalter verfolgt uns in unseren Träumen. Das Wort „Eden" glüht vor Nostalgie.

Die Vorstellung von der perfekten Natur beeinflusst unser Alltagsdenken, so dass wir eine idealisierte Sicht der Welt haben. Andere, mit wissenschaftlicherem Zugang, finden die Natur aufgrund ihres Einfallsreichtums faszinierend. Für solche Menschen sind Reproduktion, Fortbewegung und Jagd bei verschiedenen Spezies die Quelle enthusiastischer wissenschaftlicher Studien.

Die wissenschaftliche Sicht erfordert die Ausblendung der Moral, weil Ethik ein rein menschliches Phänomen ist. Diese Sichtweise ist der weit verbreiteteten Ansicht, das Tierreich wäre eine Ansammlung kluger oder liebreizender Exzentriker, die zur Unterhaltung der Menschheit in die Welt gesetzt wurden, vorzuziehen.

Sentimentalität in Bezug auf Tiere führt aber zu einem verzerrten Blick auf die Natur und die besondere Stellung des Menschen als Wächter des spirituellen Reichs. Das heißt nicht, dass Tiere nicht am Geist teilhaben. Jäger im hohen Norden danken dem Geist des Tieres, das sie töten: Sie glauben, dass der Geist des Tieres nicht mehr in ein weiteres, jagbares Tier zurückkehren wird, wenn sie es nicht tun. Viele Vegetarier (das gilt auch für mich) haben spirituelle Gründe für ihre Ernährungsweise. Andere glauben an die Rechte der Tiere als Individuen, was eine unvollständige Version derselben Idee darstellt, denn Individualität und Geist sind dasselbe.

Trotz der philosophischen und ethischen Probleme, die das Tierreich aufwirft, brauchen wir nur

> *Der wilde Gänserich führt seinen Schwarm durch die kühle Nacht, Ya-honk! sagt er, und für mich klingt es wie eine Einladung. Dem Naseweis mag der Schrei bedeutungslos scheinen, doch ich höre genauer hin und finde seinen Zweck und Platz oben im Novemberhimmel.*
>
> *Walt Whitman*
> *(1819 – 1892)*

Die Wunder der Natur

fünf Minuten lang einen Kolibri zu betrachten, der aus einer Blüte trinkt, oder eine Libelle, die über einen Teich flitzt, um uns an die Schönheit der Natur zu erinnern, in der die Schönheit des Geistes wiederhallt. Die Natur kennen zu lernen, wie es Henry Thoreau im 19. Jahrhundert in seiner Hütte bei Walden Pond in Massachusetts getan hat, ist für viele eine Akt der Reverenz. Thoreau fühlte sich als privilegierter Zeuge. Er schrieb: „Einmal saß im Garten eine Schwalbe für einen Moment sanft auf meiner Schulter, und ich fühlte, dass ich dadurch mehr ausgezeichnet wurde als durch jede Epaulette, die ich tragen könnte."

Menschen, die einen reflektierten Zugang zur Natur und ihren Geschöpfen haben, sind dem Geist näher als jene, die die Natur nur als Freiluft-Sportplatz zum Klettern, Radfahren und Schilaufen, als bloße Quelle von Adrenalinstößen verwenden. Die Schönheit in den Details ist erstaunlich. Wenn wir uns aus der hektischen Welt von zeitlichem Druck und emotionalem Stress in die scheue Geschäftigkeit der Tiere in der geduldigen Welt der Bäume und Pflanzen zurückziehen und uns unter Lebewesen begeben, über die wir keine Kontrolle haben (oder zumindest haben sollten), verstärkt die Natur unsere Fähigkeit zur Akzeptanz.

Geschenke der Welt

Die visuelle Vorstellungskraft

Plato misstraute der Kunst. Gott erschuf die Idee des Bettes, der Zimmermann stellt das reale Bett her, der Maler kopiert das Aussehen des Bettes, ohne zu verstehen, wie es gemacht wurde. Kunst, die nach dem Spirituellen strebt, ist noch gefährlicher, weil sie uns vorgaukelt, wir wären bereits weise und tugendhaft und brauchten uns nicht weiter anzustrengen. Der Künstler erledigt die Arbeit für uns: Wir bleiben passiv und beanspruchen trotzdem Anteil an der Großartigkeit des Werks. Intuitiv weisen wir Platos Kritik zurück, doch wir stimmen zu, dass die Einsichten, die Kunst anregen kann, kein Ersatz für ein Leben sind, das auf Liebe, Selbst-Verständnis und spiritueller Schönheit des Gebens beruht. Große Kunst kann vielleicht eine Inspiration sein – ein Bullauge, das anspornende Aussichten bietet. Natürlich vergessen wir angesicht eines Bildes Materialien und Handwerkskunst, wir stehen vor einer Szene der Fanatsie, die auf wunderbare Weise sichtbar gemacht wurde.

Die Kunst bietet Raum – einen speziellen Raum zum Atmen für den Geist.

•

John Updike
(geb. 1932)

Wenn es ein großes Werk ist, erheischen wir auch ein Zeichen oder eine Verheißung des Geistes – ein Fragment der Transzendenz.

Manche Gemälde vermitteln eher Gefühle als Geist, andere stellen die Oberflächen des Lebens realistisch dar, bergen aber eine Leere im Kern. Von Zeit zu Zeit jedoch stoßen wir auf ein Werk, das fast greifbar spirituell ist. Angesichts so eines Bildes empfangen wir eine direkte Botschaft, ungetrübt von Intellekt, Glauben oder Lebensumständen. Der Künstler, wie es der Maler Paul Klee ausdrückt, „tut nichts anderes als das, was aus den Tiefen zu ihm kommt, zu sammeln und weiterzugeben. Weder dient er, noch herrscht er – er übermittelt." Wassily Kandinsky, der abstrakte Gemälde von immenser Kraft schuf, schreibt in seiner Abhandlung über Kunst und Spiritualität, dass „die Harmonie von Farben und Formen nur auf dem Prinzip des rechten Kontakts mit der menschlichen Seele basieren darf". Um wertvoll zu sein, muss Kunst nach dem Spirituellen streben.

Doch was ist mit Kunst, die sich explizit mit religiösen Themen beschäftigt? Innerhalb der christlichen Tradition haben Künstler seit dem Frühmittelalter versucht, Geist zu portraitieren.

Die visuelle Vorstellungskraft

Verbringen Sie einen Tag in einem der großen Museen und betrachten Sie christliche Gemälde, die Ihnen stark spirituell erscheinen – etwa Werke von Giotto, Raphael, Tizian oder Bronzino. Um solche Werke aus einer nicht-konfessionellen Sicht zu würdigen, brauchen wir uns nicht zu sehr mit der dargestellten Geschichte zu beschäftigen. Schönheit und Wahrheit des Gemäldes – ausgedrückt in den Figuren, der Harmonie, der Komposition und der Qualität des Lichts – tragen ihre eigene innere Überzeugung in Ihr Leben.

Nicht weniger wichtig ist die symbolische Resonanz. Wenn ein Werk Sie tief berührt, könnte es jenseits seiner Bedeutung auch etwas auf archetypischem oder universellem Niveau vermitteln. Nehmen Sie etwa eine Verkündigungsszene – der Erzengel Gabriel verkündet der Jungfrau Maria, dass sie ein Kind gebären wird. Ein Moment der Offenbarung geht weit über das Erzählbare hinaus. Seine universelle symbolische Bedeutung ist einfach, aber tiefgründig: Ein Botschafter des Geistes teilt einem Individuum mit, dass es zum Träger des Geistes bestimmt ist. Man muss nicht einer spezifisch christlichen Spiritualität anhängen, um die tiefe Wirkung dieser Idee zu spüren. Der Kritiker George Steiner benutzt die Verkündigung als „Kurzbeschreibung" von Kunst an sich, und spricht von „schrecklicher Schönheit, oder

Geschenke der Welt

Schwangerschaft, die in das kleine Haus unseres aufmerksamen Daseins einbricht. Wenn wir den Flügelschlag und die Herausforderung dieses Besuchs richtig gehört haben, ist das Haus nicht mehr in derselben Weise bewohnbar wie zuvor."

Die Gestaltung einer Gemäldegalerie soll den speziellen Status der Werke unterstreichen – die Rahmen, die ehrwürdige Atmosphäre, die stillen Wärter. Daran sind zwei Dinge falsch.

Das erste Problem ist diese Umgebung mit ihrem offensichtlichen Symbolismus kulturellen Werts, die eine Begegnung mit den Inhalten der Werke – tiefgründige Einsichten, die von einer Vorstellungskraft an die andere weitergegeben werden – behindert. Wenn Sie ein Gemälde würdigen, sitzen oder stehen Sie so nahe, dass die Umwelt am Rand des Gesichtsfeldes verschwimmt. Nehmen Sie den Inhalt des Werkes auf. Lassen Sie ihn in Ihren Kopf eindringen, ohne eine Beurteilung zu forcieren. Denken Sie nicht absichtlich in historischen oder kritischen Begriffen. Wenn das Gemälde eine Szene zeigt, die nicht abstrakt ist, stellen Sie sie sich nicht real vor: Akzeptieren Sie die Interpretation des Künstlers. Erforschen Sie alle Details, schließen Sie für 30 Sekunden die Augen und lassen Sie dann das Werk in Ihr Bewusstsein zurückströmen: Sie sehen es mit neuem Verständnis.

*Dinge lange Zeit
zu betrachten,
macht uns reifer und verleiht uns
ein tieferes Verständnis.*

·

*Vincent van Gogh
(1853 – 1890)*

Große Kunst inspiriert uns, indem Sie uns flüchtige Einblicke in spirituelle Wahrheiten gewährt. Doch diese in einem Museum zu erfahren, ist von begrenztem Wert, und das ist das zweite Problem. Wir müssen lernen, unsere Wahrheit in unserem Geist zu sehen und danach zu leben. Flüchtige Einblicke, wie die Kunst sie bietet, erzeugen nicht genügend Licht, um unseren Weg zu sehen. Auch das großartigste Gemälde ist nur ein Fenster, doch wir müssen durch unsere Gedanken und Handlungen ein ganzes Haus entwerfen, bauen und bewohnen. Darin sind wir alle Künstler, die die ultimative Kreativität ausdrücken. Diese Bilder werden durch die Tugenden, die wir auf andere richten, auf die Leinwand des Verstandes gemalt.

Die visuelle Vorstellungskraft

Übung 15

Die spirituelle Galerie

Unser Verstand enthält Eindrücke, so reich wie jede Kunst – Erinnerungen an die Reinheit des Geistes, Bewusstsein unseres Selbst und Qualitäten, die wir schätzen. Entwerfen Sie eine Ausstellung Ihrer besten Arbeiten, die Sie als Künstler des Geistes zeigt.

1. Stellen Sie sich eine riesige Galerie vor, mit klarer, moderner Architektur. Das Licht des Geistes strahlt und macht sie zum idealen Ort für eine Ausstellung.

2. Die ausgestellten Werke tragen folgende Titel: Selbst, Frieden, Glück, Liebe, Wahrheit, Vergebung, Akzeptanz. Denken Sie sich sieben leere Leinwände an den Wänden. Ihre Leere symbolisiert das Potenzial des Geistes, das Sie bereits auf Ihre Weise erkannt haben.

3. Wählen Sie Bilder aus Ihrem Leben, die die Qualität in den Titeln repräsentieren – vielleicht etwas, was Sie getan, gesagt oder gedacht haben oder planen. Nehmen Sie sich eine Leinwand nach der anderen vor und lassen Sie die Gemälde in den Rahmen entstehen. Jedes reflektiert Ihren indiduellen Stil – Ihre kreative Identität.

4. Die Ausstellung ist eine Retrospektive Ihrer Kreativität. Verweilen Sie ohne Stolz, denn alle spirituell Bewussten entdecken das kreative innere Genie.

Geschenke der Welt

Der göttliche Geist der Musik

Der Anthropologe Claude Lévi-Strauss schrieb: „Die Erfindung der Melodie ist das größte Geheimnis der Menschheit". Von allen Künsten kommt die Musik dem Ausdruck des Unbeschreiblichen am nächsten. Wenn wir mit geschlossenen Augen eine Symphonie oder eine Klaviersonate hören, fühlen wir uns entkörperlicht, als ob uns Raum zur Entfaltung des Geistes gegeben wird. Etwas – weder Komponist noch Musiker, ein höheres Wesen – führt eine spirituelle Konversation mit uns.

Diese Vorstellung von spiritueller Kommunikation wird durch zwei Aspekte der Musik kompliziert, die zum materiellen Bereich gehören. Einer ist die Abhängigkeit vom Rhythmus, der in Zusammenhang mit dem Herzschlag, dem Gehen oder sogar Marschieren stehen könnte – eine physische Dimension, die in moderner und mancher ethnischer Musik stark hervortritt. Der andere Aspekt ist der Ausdruck von Emotionen. Musik der Romantik wird oft als Sehnsucht erlebt. In Abwesenheit eines expliziten, emotionalen Objekts ist es möglich, dass wir die Emotionen unbewusst übertragen. Das könnte eine ideale oder verlorene Liebe sein oder genauso unser Streben nach einem spirituelleren Leben, nach unserem Gral spiritueller Erleuchtung – Liebe in reinerem Sinn. So erlangt die Sehnsucht transzendente Obertöne – sie geht in ein spirituelles Streben über. Ebenso senkt sich am Schluss eines Stücks nach anfänglichen Spannungen und Widersprüchen häufig Friede herab. Das können wir als Analogie zu unserer spirituellen Reise von Verwirrung zu zufriedener Akzeptanz sehen.

Gewisse Arten von Musik eignen sich gut für innere Reflexion – komplexe und besinnliche Stücke, etwa Kammermusik und die klassische Musik Nordindiens, die auf Saiteninstrumenten wie dem Sitar gespielt wird. Die folgende Übung zeigt, wie man eine Hörübung zu einer Meditationen über die Qualitäten des Geistes machen kann.

Sitzen Sie bequem und schließen Sie die Augen, bevor Sie die gewählte Musik abspielen. Stellen Sie sich die Dunkelheit als die Weite des Weltalls vor,

So wie meine Finger auf diesen Tasten Musik machen, so machen die Klänge auf meinem Geist Musik.

Wallace Stevens
(1879 – 1955)

Der göttliche Geist der Musik

in der der Triumph des Geistes inszeniert wird. Versuchen Sie, sich keine Bilder vorzustellen, sondern denken Sie die Musik als Konversation mit Ihren spirituellen Qualitäten. Sie können Saiteninstrumente als Liebe erleben, Schlagzeug als Stärke, Piano als Kreativität und so weiter. Dissonante Passagen können spirituelle Herausforderungen sein, die überwunden werden müssen. Denken Sie nicht an die Zeit. Große Musik endet mit einer Auflösung, mit einem befriedigenden Gefühl der Harmonie. Stellen Sie sich die Qualitäten vor, die zurück in ihre Quelle fließen. Wenn die Musik zu Ende ist, sitzen Sie still. Seien Sie sich bewusst, dass die Musik ein Spiegel ist, der Ihre innere Wahrheit reflektiert.

Im griechischen Mythos verzaubert Orpheus Tiere mit Gesang. Musik kann unsere animalischen Seiten bezähmen – nicht für immer, doch zumindest solange sie andauert oder in unseren Ohren nachklingt.

Innere Ruhe

Wir sind sowohl von angenehmen als auch von störenden Geräuschen umgeben. Häufig fühlen wir uns durch Geräuschquellen gestört, über die wir keine Kontrolle haben – das Fernsehgerät der Nachbarn, Presslufthämmer in den Straßen, Flugzeuge über unseren Köpfen, sogar das Dröhnen von Unterhaltungen Fremder. Stille gilt als positiver Wert. Plötzlich sind wir wieder alleine, ohne unerwünschte Ansprüche an unsere Aufmerksamkeit, und es ist, als ob wir einen lange verlorenen Schatz wieder gefunden hätten. Stille ist der natürliche Zustand des Geistes. In ihrer wahren Form finden wir sie nur im Inneren, im Kern des Selbst, das vom Geist nicht unterscheidbar ist. Wenn wir wissen wie, finden wir sie auch, denn sie ist stets da und war immer da. Sich mit innerer Stille zu verbinden und spirituelles Bewusstsein zu erlangen, die wahre Kenntnis des Selbst, ist dasselbe. Doch wie durchdringen wir den Lärm, der den Geist umgibt? Äußerer Lärm kann relativ einfach vermieden werden, doch das Getöse des Ego zu dämpfen, ist schwieriger. Unsere egoistischen Bindungen, Emotionen und Ängste erzeugen einen inneren Lärmpegel, den wir ruhig stellen müssen. Dazu benötigen wir keine anspruchsvollen Techniken, bloß den Willen, der stillen Symphonie des Selbst zu lauschen, unabhängig von äußeren und inneren Geräuschen, die uns ablenken wollen.

Innere Ruhe

Schon immer

Ein wertvolles Mantra für Mediation wäre: *Ich bin unvergängliche Energie, Bewusstsein. Ich bin ewig.* Je mehr wir über diesen Spruch meditieren, umso leichter werden wir seine tiefgründige Wahrheit erkennen. Die Ansprüche der materiellen Welt an uns wiederholen sich. Zum Ausgleich kann uns eine kleine Wiederholung zu Gunsten der spirituellen Seite des Lebens nur nützen.

Der griechische Philosph Sokrates soll einen ungebildeten Jungen solange geduldig befragt haben, bis sich zeigte, dass dieser sein Leben lang, ohne Ausbildung und ohne es selbst zu wissen, einen fundamentalen mathematischen Lehrsatz gekannt hatte. Die Wahrheit, sagte Sokrates, ist ewig, unveränderlich und in uns. Wenn man uns erinnert, wohin wir blicken müssen, werden wir sie dort finden. Vielleicht akzeptieren wir nicht, dass wissenschaftliche Kenntnis so zugänglich in uns liegt, doch sicherlich ist das der Ort, wo die Wahrheit des Geistes liegt.

Einer der Gründe, warum die Wahrheit so schwer fassbar scheint, ist, dass die meisten von uns Angst haben, nach ihr zu suchen. Das Ego hängt an materieller Existenz. Es negiert Verbindungen mit einer zeitlosen inneren Wahrheit. Diese Wahrheit zu finden heißt, Abhängigkeiten, Verlangen und Ängste zu beseitigen, die die reinste Realität verhüllen – alle Formen psychischen Unrats, die das Fundament des Ego bilden.

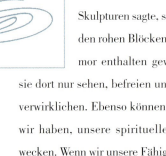

Reinheit, Frieden, Liebe, Wahrheit und Glück sind in uns, bereit wieder entdeckt zu werden. Die spirituelle Reise endet an ihrem Ausgangspunkt. Was jeder sucht, ist bereits da, in Reichweite, und immer da gewesen. Das erinnert uns, dass Michelangelo über seinen *David*, seine *Pietà* und seine anderen großen Skulpturen sagte, sie wären bereits in den rohen Blöcken aus Carrara-Marmor enthalten gewesen. Er musste sie dort nur sehen, befreien und so ihr Potenzial verwirklichen. Ebenso können wir mit dem, was wir haben, unsere spirituellen Qualitäten erwecken. Wenn wir unsere Fähigkeit zu geben und zu lieben beleben, unseren inneren Frieden wieder finden und wenn unser Glück eine tägliche Entscheidung, nicht eine Abhängigkeit wird, erkennen wir die wahre Schönheit in uns.

Schon immer

Übung 16

Der versteckte Garten

Es gibt fünf angeborene spirituelle Qualitäten: Wahrheit, Liebe, Seligkeit, Reinheit und Frieden. Diese Übung hilft uns, sie in uns zu finden.

1. Malen Sie sich Ihre innere Welt als versteckten Garten hinter efeubewachsenen Wänden aus. Der Weg dorthin ist die Meditation. Verwenden Sie diese um hineinzusehen. Beachten Sie, dass die Blumenbeete perfekt gepflegt sind, obwohl der Garten verschlossen war. Ihre Muster, die Harmonie der Farben, scheinen natürlich und richtig. Das ist Ihre innere Wahrheit.

2. Ihr Wunsch, die Blumen näher zu erforschen, ist die Liebe und Akzeptanz, die Sie für Ihre eigene Natur empfinden. Genießen Sie den Duft und die kräftigen Farben. Spüren Sie die Glückseligkeit dieses Anblicks.

3. Sehen Sie die perfekte Ellipse jedes Blütenblatts und auf welch vollendet akzeptierende Weise sich die Blüten öffnen. Das ist Reinheit, die niemals puritanisch ist.

4. Schließen Sie zum Abschluss die Augen und atmen Sie tief durch. Der Duft ist überwältigend, er vernichtet jede Spur des Selbst. Das ist Seelenfrieden – ungestört vom lärmenden Geschrei des Ego.

Innere Ruhe

Eine friedlichere Welt

Es gibt einen Grund, warum sich die meisten von uns den Großteil des Tages mit Lärm ablenken, indem sie selbst singen, mit Freunden, Verwandten oder Kollegen plaudern, Radio oder Fernseher laufen lassen. Im Herzen der Stille kann unsere innere Stimme gehört werden, und was wir hören, könnte unangenehm sein oder sogar beängstigend. Doch Stille ist der natürliche Zustand des Geistes. Wir werden uns niemals mit seiner Wahrheit verbinden, wenn wir nicht lernen, still zu sein.

In der Stille ist der Verstand seiner größten Ablenkungen beraubt und dadurch auf seine eigenen Qualitäten zurückgeworfen. Besorgte Gemüter werden das Pochen der Ängste hören und wenn wir keinen Selbst-Respekt erlangen, wird das Gefühl der persönlichen Unzulänglichkeit ohrenbetäubend. Doch der friedliche Geist wird die Stille als Lichtung im verworrenen Dickicht der Welt schätzen, als Ort, um über die Souveränität des Geistes nachzudenken.

Wenn wir stille Orte finden, im Haus oder im Garten oder auf Wanderungen, müssen wir dankbar sein, etwas entdeckt zu haben, was in unserer geschäftigen Welt ein seltenes Gut geworden ist.

Zur angemessenen Würdigung dieses Geschenks sollten Sie eine der Meditationen aus diesem Buch durchführen. Es macht nichts, wenn gelegentliche Geräusche die Stille unterbrechen: Betrachten Sie sie als Wellen, die ein schöner Fisch an der Oberfläche eines stillen Teichs ausgelöst hat. Lassen Sie Vogelgesang, flüsternde Brisen und sogar entfernten Verkehrslärm durch Ihren Verstand hindurchziehen wie Wind durch ein Kornfeld.

Einige der ältesten meditativen Praktiken werden von Gesängen oder Glocken begleitet. Wenn Sie das bevorzugen, nehmen Sie einen Klang, der ausgeblendet wird und folgen Sie ihm mit ihrer Aufmerksamkeit, bis Sie sich in Stille wiederfinden.

Wiegen Sie Ihr inneres Selbst in der Ruhe, die in Ihnen ist. Schließlich werden Sie diesen inneren Ort auch inmitten des rastlosen Alltags besuchen können. Welche Geräusche auch um Sie sind, Sie können in einem Augenblick zu Ihrem spirituellen Ort der Stille reisen.

Eine friedlichere Welt

Übung 17

Die Oase des Friedens

Stille existiert in uns allen, doch viele haben vergessen, wie man sie findet. Diese Meditation hilft, sie aus ihrer inneren Quelle zu lösen und uns in unserer Oase mit ihr zu vereinigen. Machen Sie die Übung an einem lauten oder stillen Ort: Der Effekt bleibt gleich.

1. Sitzen Sie bequem, Augen geschlossen, atmen Sie tief durch. Stellen Sie sich vor, Sie sitzen alleine am Wasser in einer Oase. Die Wüste erstreckt sich so weit Sie sehen können, doch unmittelbar um Sie ist ein fruchtbarer Zufluchtsort – Ihr Ort der Stille.

2. Blicken Sie in das spiegelnde Wasser. Sie sehen das Spiegelbild der Wolken, die an der Sonne vorüberziehen. Das sind Gedanken, Emotionen und Erinnerungen, die Sie hindern, Ihren Ort der Stille zu genießen. Verbannen Sie mental die Wolken, um das Licht der Sonne zu sehen.

3. Betrachten Sie nun Ihr eigenes Spiegelbild. Es ist das Gesicht eines Fremden. Ist es froh oder traurig, wach oder müde, mutig oder scheu? Strahlt es Energie aus?

4. Trinken Sie aus dem Teich. Das Wasser ist die reine Energie, die stille Macht im stillen Herzen Ihres Seins. Erfrischt können Sie wieder ins Leben treten.

Innere Ruhe

Der Atem des Geistes

Vom antiken Griechenland bis zu den amerikanischen Ureinwohnern galt der Atem als eng mit dem Geist verbunden. Dahinter steht der Gedanke, dass der Atem ein göttliches Geschenk ist, das im Tode dem Ursprung zurückgegeben wird. Das hinduistische *Yoga* soll die individuelle Atmung dem Rhythmus des Kosmos angleichen. Yogis praktizieren *Pranayama*, Atemübungen durch die Nase, um den Körper zu stärken, den Verstand zu reinigen und innere Harmonie zu erlangen.

Es gibt eine direkte Verbindung zwischen der Qualität des Atmens und innerer Ruhe. In Erregung atmen wir flach, schnell und unregelmäßig. Friede im Geist wird assoziiert mit tiefem, langsamem und regelmäßigem Atmen. Den Verstand durch Konzentration auf die Atmung zu fokussieren, ist eine grundlegende Meditationstechnik, die den Verstand wach und achtsam machen soll. Doch nicht alle Meditation fokussiert auf den Atem: Dieser Schwerpunkt kann nützlich sein, aber er könnte auch zu einem übermäßigen Bewusstsein für die Körperfunktionen führen. Ein besorgtes Gemüt wird besorgt bleiben, egal, wie sehr wir an unserer Atmung arbeiten. Wenn Atmung uns bei unserer spirituellen Suche behilflich sein kann, dann als Thema einer Visualisierung.

Atmen Sie tief. Stellen Sie sich vor, Sie inhalieren Wahrheit, Einsicht und spirituelle Energie und atmen Illusion, Egotismus und negative emotionale Energie aus. Visualisieren Sie das Einatmen blau und das Ausatmen rot. Denken Sie, dass spirituelles Bewusstsein genauso zu Ihnen kommen wird wie das Atmen.

Atem verbindet uns mit der ganzen Welt. Es wurde errechnet, dass wir mit jedem Zug tausende Moleküle einatmen, die von Leonardo da Vinci (und natürlich Machiavelli und den Borgias) ausgeatmet wurden. Stellen Sie sich den Austausch von Atem zwischen uns und anderen als endloses Geben und Nehmen vor, ein Netz der Liebe, das die Menschheit eint. Auf die gleiche Weise partizipiert der Geist an einem komplexen System. Wenn wir den Atem spüren und über den Geist nachsinnen, verstehen wir unsere gemeinsame Menschlichkeit mit größerer Einsicht und Wahrheit.

Der Atem des Geistes

Übung 18

Der glückselige Fischer

Tiefes, regelmäßiges Atmen erzeugt nachweislich mentale Ruhe. Diese Übung kombiniert ruhige Atmung mit einer entspannenden Visualisierung, die auf dem uralten Symbolismus der nährenden See beruht.

1. Stellen Sie sich vor, Sie sind ein Fischer in einem Boot mitten auf dem Ozean. Es ist ein wunderschöner Tag. Die Sonne glitzert auf den Wellen und auf den Maschen Ihres Netzes, das leewärts driftet. Gleichen Sie Ihre Atmung dem sanften Auf- und Abschaukeln des Bootes an. Atmen Sie bewusst. Atmen Sie tief ein, atmen Sie lange und langsam aus.

2. Ziehen Sie mit jedem Einatmen Ihr Netz etwas weiter aus dem Wasser. Obwohl es voll ist, ist es leicht einzuziehen, und die Wellen helfen Ihnen dabei.

3. Ihr Fang strotzt vor Schätzen des Geistes: Reinheit, Wahrheit, Weisheit, Geduld, Liebe, Ruhe, Schönheit.

4. Während Sie atmen und das Netz einholen, genießen Sie in Ihrer Fantasie die entspannenden Klänge des Meeres und der Vögel um Sie herum. Das Land ist außer Sicht, doch Sie fühlen sich wunderbar ruhig. Sie spüren in Ihrem Atem den Rhythmus des Kosmos.

Innere Ruhe

Der meditative Pfad

Meditation ist keine schwierige oder esoterische Praxis und nicht nur jenen zugänglich, die bereits mit ihrer Spiritualität in Kontakt stehen oder ein bestimmtes Ziel vor Augen haben. Der meditative Pfad ist endlos und unendlich lohnend – eine Erfahrung des Friedens, kein Akt, um Frieden zu finden.

Die Essenz der Meditation ist ein natürliches Erlebnis des Heilens, der Ruf des Geistes nach innerem Frieden. „Meditation" stammt vom lateinischen *mederi*, „heilen". Wir alle brauchen so eine Heilung – wenn ich ehrlich bin und auf mein Leben blicke, erkenne ich in einigen Bereichen Schmerz, Leid und Dunkelheit. Die tiefste Heilung findet statt, wenn uns Meditation ihr größtes Geschenk gibt: Erkennen, wer wir sind. Damit stellt sich Friede ein. Das höchste Ziel der Mediation ist die Freiheit des Geistes.

Geist ist etwas anderes als Verstand, er kann jedoch diese Fähigkeit für seine Zwecke nützen. Meditation verbindet diese Stränge zu einer Einheit des Seins. Wir sind Geist, der bewusst und selbst-bewusst ist. Der Verstand ist unsere kreative Kraft, mit der der Geist seine Inspirationen für unser Leben entwirft, und die Methode, mit der wir diese Inspirationen verwirklichen. Meditation ist der Weg zur Selbst-Erkenntnis. Entlang des Weges entledigen wir uns unserer vielen falschen Identitäten. Das ist wichtig, um Raum für unseren inneren Frieden zu schaffen.

Ein Missverständnis ist, dass man bei der Meditation aufhören muss zu denken. Das Gegenteil trifft zu. Meditation lehrt uns, die reinsten Gedanken zu fassen – wie etwa *Ich bin Geist* und *Meine ursprüngliche und ewige Natur ist Friede*. Nur von Rationalisierungen freie Gedanken können das Fenster zu Selbst-Erkenntnis und Selbst-Verständnis öffnen.

Wenn unser spirituelles Bewusstsein stärker wird, steigt auch unsere Fähigkeit, uns als freie Menschen zu bewegen und in den Turbulenzen des Lebens ruhig zu sein. Auch Empathie und Mitgefühl für andere, in denen kein Friede herrscht, nehmen zu. Meditation verleiht uns einen Sinn für die Zusammengehörigkeit aller Dinge – die Gemeinschaft des Geistes. Wir können unsere weltlichen Erlebnisse mit klarerem Blick für das, was wichtig ist, würdigen.

Der meditative Pfad

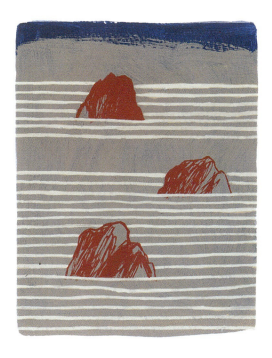

Eine einfache Übung zeigt die Kraft der Meditation, Wahrheit zu enthüllen. Denken Sie an Ihren Namen, assoziieren Sie ihn jedoch nicht mit sich selbst. Behalten Sie das Bild der Buchstaben in Ihrem Kopf und sprechen Sie ihn leise aus. Was bedeutet er? Hängt er mit Ihrer Identität zusammen? Viele Menschen finden, dass der Gedanke an Ihren Namen außerhalb des Kontextes bizarr ist. Indem wir den Verstand völlig auf die Essenz des Namens konzentrieren, erleben wir eine fundamentale Wahrheit: Unser Name hat keine Bedeutung oder Wichtigkeit für das, wer wir sind, er ist nur eine praktische Einrichtung.

Seine Realität ist nicht Selbst, sondern Klang, eine Artikulation der Zunge, erlebt durch das Ohr, oder ein Muster von Zeichen aus dem Alphabet. Er schwebt im Verstand wie ein Raumschiff von einem fremden Planeten.

Wenn diese Wahrheit durch einfache Meditation zugänglich ist, stellen Sie sich die Einsichten vor, wenn wir über komplexe Gedanken, Erlebnisse oder Handlungen meditieren. Es ist unvermeidlich, dass wir bei größerem spirituellem Bewusstsein auch Böses und Leid stärker spüren ebenso wie Schönheit und Güte. Lassen Sie sich dadurch nicht von Ihrem Pfad abbringen. Ver-

Innere Ruhe

suchen Sie einfach, Traurigkeiten als momentanen Zustand des Lebens zur Kenntnis zu nehmen. Diese gelassene Akzeptanz eröffnet uns die spirituelle Chance, dass wir das Licht unseres inneren Friedens durch das Mitgefühl für alle Leidenden strahlen lassen ebenso wie durch die Freude, die wir an allem Guten haben. Wenn wir uns nicht mit allen Sorgen und Schmerzen identifizieren, können wir unsere Wahrnehmung vertiefen und uns inniger mit dem Leben verbinden. Das ist Meditation der praktischsten Art.

Wenn wir zu meditieren beginnen, ist es oft am besten, sich an einen ruhigen, ablenkungsfreien Ort zu begeben, etwa in einen Raum, den andere selten aufsuchen, wo wir lernen können, den Verstand zu fokussieren. Beginnen Sie mit zehn oder fünfzehn Minuten täglich. Verlängern Sie das später, wenn es Ihnen angemessen erscheint. Sanftes Licht und die Atmosphäre helfen ebenso wie der begleitende Kommentar eines erfahrenen Meditators, der Sie zum Bewusstsein der Seele führen kann. Reflektieren Sie am Ende jeder Sitzung wie sich Ihr Gemütszustand verändert hat und wie wertvoll die Meditation war.

Man kann ein Mandala, ein geometrisches Diagramm, oder ein Mantra, einen Gesang, verwenden, um sich selbst als Geist bewusster zu werden. Mandalas können auch aus der Natur kommen – etwa eine Blüte oder die Adern eines Blattes. Betrachten Sie das Muster eingehend. Starren Sie nicht, lassen Sie Ihre Augen sanft ruhen. Wenn Ihr Objekt eine Blume ist, hat jeder Aspekt eine Entsprechung im Geist: Denken Sie an das Blühen des Geistes, seinen Duft, seine Perfektion und so weiter. Als Mantra eignet sich jede spirituelle Einsicht, die uns kräftigt und beruhigt, etwa *Ich bin Geist* oder *Ich bin Frieden*. Wiederholen Sie die Phrase, auch still, und lassen Sie sie Ihr Bewusstsein erfüllen.

Die tiefste, stärkendste Meditation fokussiert ohne äußere Hilfe das Selbst als Geist. Das Selbst wird als Punkt strahlenden, spirituellen Lichts erlebt. Oder wir genießen einfach die Qualität unserer eigenen, friedvollen Gedanken. In diesem sanften, selbsterleuchtenden Fokus können wir uns selbst erfahren und Meister von Gedanken und Handlungen werden. Innerer Friede strahlt aus dem tiefsten Inneren durch alles, was wir tun und sagen, durchdringt all unsere Interaktionen. Meditation auf diesem Niveau erweitert das Selbst-Bewusstsein und stellt die Souveränität des Selbst wieder her. Sie erzeugt ein friedliches Gemüt, erreicht den stillen Kern unseres Selbst und öffnet ihn für Berührung, Belehrung und Transformation durch göttliche Macht. Licht öffnet den Geist.

Der meditative Pfad

Übung 19
Innere Wegweiser

Nachstehend finden Sie zwei Zugänge zu Meditation: Einer basiert auf Visualisierung, der andere, fortgeschrittenere, auf reinem Denken.

Der Fluß
Stellen Sie sich vor, Sie gehen den gesamtes Verlauf eines Flusses entlang, vom laut plätschernden Bergbach zum breiten, tiefen Strom, wo nur ein schwimmender Zweig sein Fließen verrät, und schließlich zur Mündung in den Ozean, wo alles still, ruhig und friedlich ist. Genau das erlebe ich auch im Inneren: Ruhe und Stille.

Das Selbst
Für die reinste Meditation sind Sie selbst Objekt. Eine einfache Vorstellung – etwa Ich bin eine friedvolle Seele – wird lebendig, wenn Sie sie erleben. Es gibt keine absichtliche Wiederholung, nur einen Strom von Gedanken, die auf dem Selbst als Geist beruhen. Es spielt keine Rolle, wie schnell die Gedanken fließen, solange sie fließen. Wenn sie wandern, bringen Sie sie sanft zurück. Mit der Zeit werden Sie langsamer, dann können Sie sie genießen. Sie fließen aus den ewigen Kraftquellen von Reinheit, Friede, Liebe, Wahrheit und Glück in Ihnen selbst. In reiner Selbsterkennung erleben Sie sich selbst als strahlendes Licht.

Innere Ruhe

Yoga und die Kunst der Vereinigung

Die meisten, die das Wort *Yoga* hören, denken an verrenkte Körperhaltungen für extrem bewegliche Menschen. Doch wie an Meditation ist auch an Yoga nichts Kompliziertes oder Geheimnisvolles. Seine einfachste Definition lautet „Vereinigung". Wenn wir es so sehen, dann erkennen wir, dass wir große Teile unseres Lebens „in Yoga" verbringen – jeden Tag bewegen wir uns von einer Vereinigung (Interaktion) zur nächsten. Das sind die zeitweiligen Vereinigungen unseres Bewusstseins mit Objekten, Ideen oder Menschen. Die mentalen Versuche, uns mit etwas außerhalb unserer selbst zu vereinigen, sind meist kurz. Obwohl das wenig mit Geist zu tun hat und mehr mit Verlangen und Bindung, zeigt es doch unser natürliches Streben nach Einheit.

Im Fernen Osten schufen antike Traditionen detaillierte Techniken, wie man sein Leben entlang des Yogapfades aufbaut. Dazu gehören Atemtechniken, *asanas* (Haltungen), Reinigung und Loslösung. Ziel ist die direkte Vereinigung mit der (göttlichen) Quelle, so dass wir gereinigt und von all unseren weltlichen Prüfungen befreit werden – vielleicht sogar von weltlicher Existenz . Um das zu erreichen, müssen wir aber keine lange und anstrengende innere Reise unternehmen und nicht Stadien schmerzvoller Opfer und Initiationen durchlaufen, während wir von einer Stufe der Erleuchtung zur nächsten voranschreiten.

Es gibt Wege, wie wir das Licht weitaus schneller berühren können als durch ältere Techniken. Es mag scheinen, als ob unsere Kenntnis von der Quelle im dunkelsten Winkel unseres Verstandes schlummert, doch unsere ewige Verbindung mit ihr ist ebenso unauslöschlich wie der Geist selbst.

Die Kommunikation zwischen dem Herz unserer Seele und dem Herz des Göttlichen kann innerhalb einer Sekunde wieder belebt werden. Das ist die Essenz von Yoga – eine Verbindung mit dem Einen, das nie aufhört zu lieben. Das erfordert drei Dinge: die Erkenntnis, dass wir ewiger Geist sind, die Erkenntnis,

*Wie die Fluten des Ganges
unaufhörlich zum Ozean fließen,
so bewegt sich der Verstand der Bhakta
[Yogi] unaufhörlich auf Mich zu,
die höchste Person,
die in jedem Herzen wohnt,
das von Meinen Eigenschaften hört.*
.

Bhagavata Purana
(um 500 v. Chr.)

Yoga und die Kunst der Vereinigung

dass wir einen ursprünglichen Geist haben, mit dem wir in einzigartiger, persönlicher Beziehung stehen, und – vielleicht der schwierigste Schritt – die Loslösung von der materiellen Welt der Objekte, Ideen – und Menschen.

Wir müssen nicht warten, bis wir alle drei Schritte vollendet haben, um den Yogapfad zu beschreiten. Die Haltungen von Verstand und Intellekt sind wichtiger als die des Körpers. Eine gesunde Beziehung besteht und reift durch offene und ehrliche Kommunikation. Das gilt auf stille Art auch für unsere Beziehung mit der Quelle.

Für das Gespräch mit der Quelle müssen wir das richtige Stadium des Bewusstseins haben. Wir lösen uns von weltlichen Ablenkungen, tauchen tief in uns selbst und werden uns unserer spirituellen Identität bewusst. Wenn wir durch Meditation unseren inneren Frieden erkannt haben, können wir uns der Quelle öffnen, um das reine Licht der Liebe zu senden und zu empfangen. Wir wissen, dass wir Vereinigung erreicht haben, wenn unser Strahlen durch Wellen der Liebe erwidert wird, die unser Sein durchdringen wie die Wärme der Sonne unsere Haut. Wir werden uns der zartesten Wesen bewusst, die unseren spirituellen Weg wohlwollend mit Licht bestrahlen. Sie sind wie in unserer Seele gepflanzte Samen, die nun den Intellekt stürmen, um uns zu stärken und unseren Weg in einer Welt voller Unwahrheiten zu erleuchten. Sie erinnern uns daran, dass wir Yoga erlangt haben, und nun im Licht unseres Ursprungs, Freundes und Führers leben, nur noch einen Moment entfernt von der Quelle von Liebe, Wahrheit und Macht. Diese lebendige Erinnerung ist die natürlichste Art des Yoga.

Innere Ruhe

Gebet und Bestärkung

In aller Welt ist rituelle Andacht die verbreitetste Form, mit dem Göttlichen in Kontakt zu treten. Sie kann genauso automatisiert oder mechanisch werden wie das Akzeptieren einer ärztlichen Verordnung und kann verhindern, dass sich der Andächtige seiner eigenen Größe als Geist bewusst wird. Doch Rituale dienen dem Verlangen, Wahrheiten durch Handlungen ohne weltliche Bedeutung zu würdigen und stehen deshalb im Einklang mit spirituellem Bewusstsein. Anhänger einer Religion werden feste Ansichten über Gebete und Praktiken haben. Personen mit besonderem Glauben können ihre eigenen Rituale haben. Wieder andere befolgen traditionelle, alte Rituale.

Bei einem nicht-konfessionellen Lebensstil wird die Bedeutung von Ritualen persönlich. Sich in Andacht zu verneigen kann denen, die glauben, dass der Geist im Inneren liegt, problematisch erscheinen. Doch auch diese alte Form der Verehrung kann als erhöhender Akt gesehen werden, ähnlich wie wenn ein Bürger sein Haupt zum Ritterschlag beugt.

Das Gebet in institutionalisierten Religionen ist häufig Ausdruck von Wunschdenken, Hoffnungen und Ängsten. Wie erklärt man, dass jemand um Frieden betet und eine halbe Stunde später zornig wird? Die Antwort lautet, dass Gebet den Geist nicht transformieren kann. Es kann einige Bedürfnisse befriedigen, die Menschen seit Jahrtausenden verspürt haben: Es formalisiert eine erkannte Beziehung zwischen Individuum und Göttlichem, es drückt das Sehnen nach einer besseren Welt aus und es beschwört den Namen Gottes, Segen zu bringen. Ohne spirituelles Bewusstsein sind Gebete und andere Formen institutionalisierter Verehrung wie Häuser ohne Dächer. Sie sind schlecht gerüstet für den Zweck, das Göttliche ins Leben zu bringen.

Für viele, die sich auf dem Weg zu spirituellem Bewusstsein befinden, sind Bestärkungen – Aussagen voller Überzeugung, Selbst-Glaube und Entschlossenheit – angemessener als Gebete. Ein Beispiel ist: *Ich bin Liebe. Mein Zweck ist, Liebe zu geben.* Das Bekenntnis wird so überzeugt vorgebracht, dass es eine erfüllte Aussage wird, wie *Ich schwöre* vor Gericht: Es hat die Kraft einer Handlung. Wir drücken aus, was wir glauben, und der Glaube wird konzentriert und selbstverständlich. Mit diesen wesentlichen Wahrheiten stärken wir uns selbst auf unserer spirituellen Reise.

Gebet und Bestärkung

Übung 20

Sicherheit vor der Flut

Religionen können institutionalisiert werden, der Geist nicht. Erkennen Sie die persönliche Wahrheit in den diversen Formen der Andacht und lassen Sie das Ihre eigene Verwirklichung des Selbst als Geist beseelen.

1. Besuchen Sie in Ihrer Vorstellung so viele Orte der Anbetung wie möglich, decken Sie möglichst viele Glaubensrichtungen ab, die Sie beobachten. Sie fühlen mit den Betenden und erkennen die Stärke des Glaubens und der Verbindlichkeit, die jedes Individuum mit Ihnen teilt. Meditieren Sie über Ihre Verbindungen zu diesen Menschen: Sie alle sind grundlegend spirituelle Wesen.

2. Stellen Sie sich vor, Sie fahren mit einem Schiff auf einem Fluss, das die Stärke Ihres eigenen Geistes ist. Seit vielen Tagen regnet es, die Flut steigt, der Fluss tritt über die Ufer, doch Sie sind sicher in Ihrem Glauben. Sie laden die Anhänger jedes Glaubens auf Ihr Schiff ein – jede Gruppe sitzt auf einem eigenen Berg. Mit der Zeit erreicht das Hochwasser die Berggipfel.

3. Meditieren Sie gemeinsam im sicheren Schiff, fühlen Sie die Gemeinsamkeit. Der Regen hört auf, das Wasser sinkt. Ihre Gäste sind froh, das Schiff verlassen zu können. Sie fühlen sich tief mit der Menschheit verbunden.

Innere Ruhe

Innere Einkehr

Die Reise zu innerem Frieden ist ein fortlaufender Prozess von Wiederentdeckungen innerhalb des Alltags. Um ans Ziel zu kommen, müssen wir nicht um fünf Uhr aufstehen und uns kärglich ernähren oder asketisch wie Mönche werden und uns von der Gesellschaft isolieren. Perioden des Alleinseins – ein Wochenende, eine Woche, auch länger – helfen uns jedoch, tiefer in unsere innere Stille einzutauchen, und unter diesem Aspekt kann uns ein Rückzug von den Ablenkungen des Alltags nur wohl tun.

Erstens bekräftigt das Sich-Zurückziehen die spirituellen Prioritäten. Im Sinne der Erhaltung und Erneuerung erlauben wir dem Geist uns zu nähren, während wir gegenteiligen Druck verbannen.

Zweitens geben wir uns selbst Zeit – genauer gesagt, wir lösen uns aus der Zeit. Für einige Zeit lassen wir unser Leben nicht mehr von den Ängsten der Uhrzeit beherrschen. Wenn wir uns gemeinsam zurückziehen, können wir natürlich Zeiten für gemeinsame Mahlzeiten, Meditationen oder andere Gruppenaktivitäten vereinbaren. Die Uhr, der wir in gemeinsamer Zuflucht folgen, ist Zeichen unseres Respektes für andere, unsere Bereitschaft, kollektive Qualitäten des Geistes zu akzeptieren und die Bande freudiger Verantwortung, die wir mit den anderen teilen. Ein essenzieller Teil des Rückzugs ist Alleinsein inmitten einer Atmosphäre der Stille und das ist der dritte und wichtigste Vorteil. Wenn wir allein und still sind, sind die Umstände perfekt, um das intimste Wissen über uns selbst zu erneuern, tief in den Kern des Geistes einzudringen und unsere innersten Qualitäten von Reinheit, Frieden, Liebe, Wahrheit und Glück mit bescheidener Dankbarkeit wahrzunehmen.

Während eines Rückzugs sind Meditationen besonders lohnend. Wir fühlen, dass wir die richtigen inneren Verbindungen wieder herstellen, spüren uns selbst stärker werden, genügsamer und fähiger, anderen zu geben. Versuchungen weichen als wertlose und schädliche Ablenkungen vom wahren Sinn des Lebens: Sie verlieren ihren Glanz und verdorren in unseren Herzen.

Innere Einkehr

Organisierte Retreats werden immer populärer, und die Umstände sind oft sehr gut dazu geeignet, die Stille zu fördern. Gewiss ist ein Maß an Stille für einen erfrischenden Rückzug erforderlich und diese findet man eher in ländlicher Umgebung. Doch die Gäste sind wichtiger als die Ästhetik des Ortes. Wir können uns auf die Ankunft auf einem Berggipfel oder in einem Waldparadies freuen, doch wenn wir dabei unter spirituell Gleichgesinnten sein können, die ihre Stille und Energie teilen, indem sie die Individualität des einzelnen respektieren, können wir dem Geist näher kommen.

Rückzug kann, wie Meditation, überall stattfinden. Sie können sich auch zu Hause zurückziehen, wenn Sie einen Tag lang die meiste Zeit still sein können. Sie könnten Anrufe während des Tages ignorieren und Nachrichten erst später abhören. Sie könnten für eine Morgenmeditation früh aufstehen. Die Früchte organisierten oder privaten Rückzugs sind für uns alle erreichbar. Indem wir sie ernten, erinnern wir uns der wertvollsten Wahrheiten des Geistes, wir werden durch eine allumfassende Ruhe erfrischt und gestärkt für das spirituelle Wachstum, das noch vor uns liegt.

Innere Ruhe

Schlaf und Geist

Dem Neurologen Allan Hobson zufolge ist der Verstand im Wachzustand nach außen gerichtet, im Schlaf unbewusst und in Träumen „sich seiner selbst so stark bewusst, dass er sein eigenes Bild der äußeren Welt erschafft". Andere behaupten sogar, dass „Wachsein nichts anderes ist als ein traumähnlicher Zustand", durch Einflüsse der äußeren Welt verändert. Deshalb sprechen wir von spirituellem „Erwachen": Das Leben, das wir in der physischen Welt führen, ist traumhaft unwirklich, nicht zuletzt, weil wir schließlich daraus auftauchen in die dauernde Realität der Ewigkeit.

Seit langem wird Träumen als Quelle von Prophezeihungen, Visionen, Einsichten und Besuchen des Göttlichen spirituelle Bedeutung zugeschrieben. Carl Jung glaubte, dass das Interpretieren des symbolischen Traumgehalts zur Entdeckung unterdrückter religiöser Instinkte des Träumers führt – ein Sehnen nach Spiritualität, das aus dem kollektiven Unbewussten stammt, dem Sammelbecken der tiefsten, ältesten Intuitionen. In Träumen begegnen wir gelegentlich einem Archtypus, einem universellen Bild, das Jung „weiser alter Mann" nannte. Dieser kann als Bekannter oder als Fremder auftreten. Beachten Sie die Botschaften älterer, gebieterischer Figuren in Ihren Träumen. Vielleicht müssen Sie fantasievolle Vermutungen anstellen, um zu einer Interpretation zu kommen. Auch erhebende Träume von Unendlichkeit, Fliegen oder blendendem Licht können spirituelle Bedeutung haben: Behandeln Sie sie als inneren Vorrat an spiritueller Kraft und verwenden Sie diese in Ihren Meditationen.

Traumdeutung gefällt nicht jedem, doch zweifellos eröffnen sich faszinierende Themen für Kontemplation und Analyse, wenn man das Traumleben näher betrachtet. Auch wenn die Bedeutung, die wir hineininterpretieren, nicht vom träumenden Verstand „beabsichtigt" war, kann in der auf Träumen basierenden Selbstanalyse Wert und Wahr-

Und wenn meine Seele heute Nacht im Schlaf ihre Ruhe findet, in süße Vergessenheit sinkt und am Morgen wie eine frische Blüte erwacht, dann bin ich wieder in Gott getaucht und neu erschaffen worden.

D. H. Lawrence
(1885 – 1930)

heit liegen. In Wirklichkeit fragen wir: *Wenn dieser Traum eine Bedeutung hat, welche stimmt am besten mit den wichtigsten Wahrheiten überein, die wir über uns selbst wissen?* Wer Traumarbeit lohnend findet, kann das Wachträumen probieren, Techniken, durch die der Träumer bewusst Entscheidungen treffen kann, die jedoch auch überraschende Momente bewahren. Menschen, die wachträumen können, sagen, dass sie dadurch auch im Wachzustand mehr Frieden und Konzentration gewinnen. Eine gewisse Kontrolle über Träume zu erlangen kann als gute Übung dienen, die alltäglichen Täuschungen, Bindungen und nutzlosen Ängste zu beherrschen, die unser spirituelles Wachstum behindern.

Doch lassen Sie uns noch einmal zur Beschreibung des Schlafs als unerleuchtetem Zustand zurückkehren. Shakespeare schreibt in *Hamlet*, dass einige wach bleiben müssen, während andere schlafen, und so zerreißt die Welt. Sprichwörter beziehen sich meistens auf Gewohnheiten und diese sind verführerische Bequemlichkeiten, die uns daran hindern, unser volles Potenzial zu erkennen, spirituell zu erwachen und unsere belebende Macht all jenen anzubieten, die um uns herum schlummern.

Energien der Liebe

Unser Leben ist von Wechselbeziehungen geprägt. Als Babys haben wir fundamentale Bedürfnisse, die unsere Eltern befriedigen. Von da an werden Beziehungen zunehmend komplizierter. Emotionale Bedürfnisse ergreifen uns, sie können Spannungen verursachen. Wenn wir jedoch wahren Selbst-Respekt aus dem Wissen über unseren grenzenlosen Wert gewinnen, befreien wir uns aus Abhängigkeiten und gehen auf andere offener und gebender zu. Dadurch wird unser Leben glücklicher. Das Wiederentdecken spirituellen Bewusstseins verändert nicht nur unsere Beziehungen zu Verwandten und Freunden, sondern auch zu Fremden. Wenn wir einen Raum voller Menschen betreten, so hat jeder Fremde eine einzigartige Gabe, die er anbieten oder zurückhalten kann. Unausgesprochene Empathie verbindet die Anwesenden in einem unendlichen Potenzial der Liebe und Glückseligkeit. Wenn wir erleuchtet sind, lassen wir unsere Gaben überströmen, so dass jeder, mit dem wir in Kontakt kommen, von unserer Energie profitiert. Sogar gequälte Seelen, die unser Geschenk zurückweisen, werden vom Licht unserer Ausstrahlung berührt. Spirituelles Erwachen ersetzt die Angst vor Berührungen mit anderen durch Liebe. Niemand kann uns wirklich verletzen. Indem wir Vergebung auf diejenigen ausdehnen, die uns respektlos behandeln, sammeln wir gutes Karma. Wir sind gesegnet je nachdem, was wir geben.

Energien der Liebe

Die Kunst der Selbstlosigkeit

Die offensichtlichste Bedeutung von Selbstlosigkeit ist der Verzicht auf Bequemlichkeit, materiellen Reichtum und andere Wohltaten zugunsten anderer. In Erweiterung bedeutet das Wort eine Großzügigkeit des Geistes, die die Interessen anderer Menschen über die eigenen stellt. Eine archetypische Figur der Selbstlosigkeit wäre Mutter Theresa von Kalkutta, die aufgrund ihres Werkes heilig gesprochen wurde. Wenn wir dem Geist gemäß leben wollen, ist ein gewisses Maß an Selbstlosigkeit unvermeidlich.

Was ist die Quelle der Selbstlosigkeit? Die Antwort ist ein Prozess, der an anderer Stelle in diesem Buch beschrieben wurde. In ihm wird eine eine fundamentale Liebe zu sich selbst als Geist zu Liebe für die Menschheit, bis das endlose Geben von Energie ein essenzieller Teil unseres Lebens wird. Mit der Zeit wird Selbstlosigkeit zum Reflex, so dass wir helfen, bevor wir darüber nachgedacht haben. Unsere Reaktion können wir nicht durch Regeln erlernen, sie ist eine Intuition, die wir in uns selbst wieder entdecken. Sie ist in jedem latent vorhanden, wie man etwa bei Unfällen häufig sehen kann. Natürlich wird es immer Voyeure geben, doch auch Helfer, die persönliche Risiken eingehen. Im Großen und Ganzen ist der Instinkt lebendig und gut ausgebildet und es liegt in unserer Verantwortung als spirituelle Entdecker, seine Kanäle offen zu halten, so dass Selbstlosigkeit automatisch passiert.

Um sicherzustellen, dass wir da sind, wenn wir gebraucht werden, können wir etwa erste Hilfe erlernen. Fügen Sie dieser Maßnahme weitere sieben Ihrer Wahl hinzu und beschließen Sie, zumindest eine davon sofort umzusetzen. Sie werden nie bereuen, anderen Zeit geopfert zu haben, weil Sie wissen, dass es nichts gibt, womit Sie Ihre Zeit besser verbringen könnten. Aber wie weit sollen wir gehen?

Niemand muss die Heiligsprechung anstreben, denn im Vergleich zu einem Ideal definieren wir uns stets negativ. Wir können uns Selbstlosigkeit nicht ausmalen oder einen Zeitplan dafür erstellen. Aufopferung könnte man an dem messen, worauf wir verzichten. Doch Selbstlosigkeit als Aspekt von spirituellem Bewusstsein ist kein Opfer, im Gegenteil, es ist eine Bereicherung des Selbst, wenn wir das, was wir geben, über das stellen, was wir nehmen.

Die Kunst der Selbstlosigkeit

Übung 21

Geben lernen

Selbstlosigkeit ist der Erguss reiner Liebe aus dem Geist, ohne eine Belohnung zu erwarten. Folgende Übung zeigt uns, wo und wie wir geben können, ohne an uns selbst zu denken.

1. Beobachten Sie die Passanten in einer belebten Straße. Was sehen Sie? Eine ältere Dame, die mit ihren Einkaufstüten kämpft? Ein leidendes Kind? Einen Obdachlosen, der um Geld oder Aufmerksamkeit bettelt? Womit könnten Sie deren Leiden verringern?

2. Setzen Sie Ihre Ideen um. Setzen Sie Ihren Intellekt und die Kraft des Geistes ein, um das Leben für andere besser und leichter zu machen. Helfen Sie Gebrechlichen über die Straße. Nehmen Sie sich Zeit für einen Freund. Lächeln Sie Niedergeschlagene an, hören Sie, was sie zu sagen haben und finden Sie einen Ausweg – kaufen Sie ein Sandwich oder bringen Sie das nächste Mal eine Decke mit. Helfen Sie spontan, denken Sie nicht an Zeit.

3. Behalten Sie Ihr meditatives Gemüt immer und überall bei. Achten Sie auf alles, was um Sie herum geschieht. Öffnen Sie Ihre Augen für alles und engagieren Sie sich in all Ihren Aktivitäten voll. Wenn Sie mit offenen Augen sehen, wird sich auch Ihr Herz öffnen.

Energien der Liebe

Von Angst zu Liebe

Die Griechen sprachen von *agape*, der Liebe zur Menschheit. Liebe, die aus uns in alle Richtungen fließt, Fremde genauso wie Freunde und Verwandte umarmt, ist die höchste Liebe, der wahre Ausdruck des Geistes. Viele Menschen suchen aus verschiedenen Gründen eine spezielle, gesellige, meist sexuelle Beziehung mit einer anderen Person. Obwohl wir nicht in einer Paarbeziehung leben müssen, um Erfüllung zu erlangen, stimmt es doch, dass eine solche Beziehung eine bereichernde Erfahrung sein kann, vorausgesetzt, dass emotionale Hürden überwunden werden können.

Allzu oft suchen wir vor allem Liebe, den universellen Gral, von dem wir denken, dass er unser Leben ändert. Wir sehen sie als das tugendhafte Erkennen unseres inneren Wertes durch eine andere Person. Doch was ist die Fackel, die wir auf der Suche nach dieser undefinierbaren Gabe verwenden? Bedürfnis. Wir nehmen unser Bedürfnis mit auf einen Beutezug durch die Welt und versuchen, ein passendes Objekt zu finden. Wir können das in andere Worte kleiden und sagen, dass wir viel Liebe zu geben haben. Doch die Wahrheit ist meistens bitter: Was wir haben, ist ein gewaltiges, rein emotionales Bedürfnis nach Liebe und die Angst, dass unser Verlangen unbefriedigt bleibt. Auf unserer Suche nach Erfüllung sind wir bereit, uns selbst mit ungeeigneten Partnern irrezuführen.

Die meistens psychoanalytischen Schulen sind der Ansicht, dass die Liebe, die wir als Erwachsene suchen, ein Echo der Liebe ist, die wir als Kinder bei unseren Eltern gesucht haben. Viele Therapeuten sagen, dass Ängste im Zusammenhang mit Beziehungen – insbesondere die Angst vor Zurückweisung – die Unsicherheiten der Kindheit reflektieren. Dieser psychozentrischen Sicht zufolge sind reife Beziehungen durch emotionale Bedürfnisse und Abhängigkeiten gekennzeichnet, die aus emotionalen Wunden der Kindheit stammen. Viele Erwachsene definieren ihr Sein so weit durch die Liebe einer anderen Person, dass sie bei einer Zurückweisung nicht mehr wissen, wer sie sind und was

Liebe ist ein Abbild Gottes, nicht ein lebloses Bild, sondern die lebendige Essenz der göttlichen Natur, die voller Güte strahlt.

·

Martin Luther (1483 – 1546)

Von Angst zu Liebe

der Sinn ihres Lebens ist. Auch wenn dieses Paar zusammenbleibt, ist die Beziehung ein- oder beidseitig von Angst geprägt. Spirituelles Bewusstsein bringt uns von der Angst zu reicheren, toleranteren, entspannteren Formen der Liebe.

Liebe als Emotion bringt Menschen voreilig zusammen und lässt sie glauben, sie könnten miteinander leben. Wenn sich die Beziehung schlecht entwickelt, stellen sich Ärger und Eifersucht ein, was angesichts der emotionalen Wurzeln der Anziehung nicht überrascht. Dann zerbricht das Verhältnis schmerzvoll und für beide Partner kann es schwierig sein, jemals wieder Vertrauen in die Liebe zu haben. Oder aber die Verbindung kann sich dennoch festigen, in diesem Fall sind die unvermeidlichen Spannungen nur aufgeschoben. Wie Erdbeben neigen Konflikte zum Ausbrechen entlang von Bruchlinien.

Es gibt eine weitere Möglichkeit und das ist das Erblühen zu wahrer Liebe, wenn die anfängliche Hitze der Emotionen abkühlt und einer weiseren, reiferen Auffassung weicht. Wahre Liebe braucht ein kühles Klima. Das heißt nicht, dass es keinen physischen Kontakt gibt, nur dass die volle Wucht der Leidenschaft destruktiv wirkt, wenn sie Basis der Intimität bleibt.

123

Energien der Liebe

Liebe in ihrer reinen Form stammt aus den Tiefen des inneren Selbst. Sie ist eine Ausstrahlung, die der gestärkte, selbst-bewusste Geist in alle Richtungen versprüht wie Samen aus dem Sack eines unermüdlichen Sämanns. Das erfordert Mut. Der ängstliche Weg wäre, all unsere Samen für unsere Zwecke aufzuheben oder sie einigen wenigen Vertrauten zu geben, die garantiert dankbar sind und die Samen keimen lassen.

Obwohl der Höhepunkt spiritueller Entwicklung die Liebe zur ganzen Menschheit ist, suchen viele eine spezielle Beziehung, die in Bezug auf Sexualität – und in gewissem Ausmaß auch auf regelmäßige Gesellschaft – exklusiv ist. Reife Liebe für einen Partner umfasst Körper, Herz und Verstand, doch auf tieferer Ebene ist sie auch ein Akt des Geistes. Wir treten ein in ein bewusstes Erkennen der Verpflichtung gegenüber einem anderen Selbst, das verschieden und unabhängig ist, doch eine spirituelle Affinität mit uns teilt, eine wechselseitige Offenheit und Empathie, die beiden größere Möglichkeiten der Erfüllung verleiht. Wir dürfen nicht erwarten, dass Liebe einfach ist – das ist Wachstum selten. Sich einem anderen Geist zu öffnen kann zu inneren Wandlungen führen, wenn sich unser Graviationszentrum den neuen Umständen anpasst.

Viele Menschen machen, wenn sie verliebt sind, den Fehler, ihre Perspektive einzuengen, statt die Chance zu nützen und den Horizont zu erweitern. Das Ergebnis ist, dass am Ende der Beziehung zwei Menschen eher verarmt als bereichert zurückbleiben, weil sie reduzierten Ressourcen ins Auge sehen müssen. Doch wenn die Liebe rein ist, schadet uns das Ende einer Beziehung nicht. Das heißt nicht, dass die Erfahrung dann nicht schmerzvoll ist, es gibt nur keinen Grund, den Schmerz zu fürchten. Wir können zuversichtlich voranschreiten, im Wissen, dass unsere Quelle der Liebe niemals austrocknen wird, auch wenn die Versorgung vorübergehend blockiert ist.

Liebe heißt nicht, sich gegenseitig in abhängiger Schwärmerei anzustarren, sondern sowohl nach innen als auch nach außen zu blicken, seine Einsichten zu teilen und auch die größere Liebe, das *agape*, für all unsere Mitmenschen. Um eine solche reife Form der Beziehung aufrechtzuerhalten, bedarf es der Offenheit und der Unabhängigkeit des Geistes. Wie Dorothy Parker formulierte: „Die Liebe ist wie Quecksilber in der Hand: Lass die Finger offen und es bleibt. Schließe sie, und es saust davon."

Von Angst zu Liebe

Übung 22

Der verzauberte Wald

Liebe im herkömmlichen Sinn kann überwältigend und mysteriös sein. Für einen Erleuchteten ist sie das nicht. Diese Visualisierung bereitet Sie auf den Übergang von weltlicher zu spiritueller Liebe vor.

1. Visualisieren Sie sich selbst nachts in einem dunklen Wald. Nehmen Sie, wenn Sie wollen, einen verzauberten Märchenwald aus Kindheitserinnerungen.

2. Malen Sie sich aus, wie Sie durch das Unterholz stolpern, sich Zweige in Ihrem Haar verfangen und Wurzeln Ihren Weg behindern. Es raschelt undefinierbar, das gedämpfte Geräusch von Schwingen ist über Ihrem Kopf. Sie erinnern sich nicht, wie Sie hierher gelangt sind oder wieder von hier wegkommen.

3. Plötzlich können Sie Farben sehen. Die Sonne geht auf. Stellen Sie sich das leuchtende Grün der Blätter vor. Als Licht den Wald durchflutet, sehen Sie, dass er nicht ganz dicht bewaldet ist. Sie sind auf einer Lichtung, eine weitere ist in der Nähe. Sie können rasten und forschen. Es gibt Pfade, falls Sie gehen wollen, aber Sie verspüren kein Bedürfnis danach. Sie haben Liebe und ihre unendliche Schönheit gefunden. Sie sind bereit, Liebe zu geben, wohin Sie auch gehen.

Energien der Liebe

Leidenschaft und Enthusiasmus

Viele Wörter im Zusammenhang mit Verstand und Geist tragen mehrfache Bedeutungen, kaum eines ist verwirrender als das Wort „Leidenschaft".

Die Schwierigkeit besteht darin, dass es in unterschiedlichen Kontexten verwendet wird, etwa um die Intensität von Emotionen, fesselnden Sex und Glaubensstärke zu beschreiben. Eine Bedeutung kann in die andere übergehen. Manche Menschen halten so hartnäckig an einer Idee fest, dass sie emotionalen Aufruhr verspüren, wenn sie ihre Ansichten darlegen oder ihnen widersprochen wird. Das läuft spirituellem Bewusstsein zuwider, das Distanz beinhaltet – eine Überzeugung von spiritueller Wahrheit, die nicht auf Emotionen, sondern nur auf dem Intellekt beruht. Man sagt zwar, dass man leidenschaftlich nach etwas sucht, doch sobald die Suche nach Wahrheit Emotionen auslöst, müssen wir uns besinnen. Auch Emotionen im Dienste der Wahrheit sind Emotionen, die wie gefährliche Sandstürme die Wahrheit in einer Wolke des Ego verhüllen können.

Wie alle kennen das traditionelle Bild von heiligen Männern oder Frauen als asketische Figuren, die, der Welt entrückt, ein pflichtbewusstes, leidenschaftsloses Leben voller Weisheit und guter Taten führen. Diese Vorstellung wird oft auf andere professionelle Wahrheitssucher wie Philosophen und Wissenschafter ausgedehnt. Und doch, wie ein genialer Student einmal anmerkte, plagen sich Menschen wie Sir Isaac Newton, der das Gesetz der Schwerkraft entdeckte und viele andere Beiträge zur Wissenschaft lieferte, nicht aus Pflichtbewusstsein mit Problemen. Sie tun es aus Freude, weil das Problem sie fasziniert und in Aufregung versetzt.

Diejenigen, die die Natur des Geistes erforschen wollen – wie ein Wissenschafter, der die Naturgesetze zu ergründen sucht – wird nur Disziplin und Zielstrebigkeit so weit bringen. Disziplin kann gefährlicherweise selbst zum Ziel werden, wenn Stolz zur Sucht wird. Wir erfreuen uns der Stunden oder der Anstrengungen, die wir aufwenden, und vergessen, was aus ihnen fließen sollte. So werden wir immer besessener und ignorieren die Tatsache, dass sich kreative Würfe des Geistes eher in einem Zustand einstellen, der

Leidenschaft und Enthusiasmus

dem Spiel ähnelt. Die Griechen der Antike verwendeten das Wort *enthousiasmos* – von dem wir „Enthusiasmus" ableiten – um den Moment zu markieren, in dem sich Göttlichkeit in selbstlose Leere ergießt. Der Enthusiast war jemand, der gottähnliche Kräfte erlangte.

Sogar an den nüchternen Arbeitsplätzen der modernen Welt erhalten wir manchmal Andeutungen dieser göttlichen Macht. Wir alle erleben, wenn wir von einem Projekt begeistert sind, eine gewisse Unermüdlichkeit, ein Gefühl der Heiterkeit, als ob wir mit Energie aus einer tiefen inneren Quelle versorgt würden.

Enthusiasmus ist ansteckend. Wir strahlen ihn zurück in die Welt, damit andere ihn aufnehmen und verwenden. Wenn wir im Licht des Geistes leben, wird die Energie, die wir geben, die Form des Enthusiasmus für alle positiven Dinge annehmen. Während unser Intellekt ungetrübt und leidenschaftslos bleibt, werden wir gleichzeitig Freude beim Verfolgen der höchsten Prioritäten in unserem Leben empfinden.

Es ist möglich, klar zu fühlen und klar zu denken. Während wir auf der Straße zu spirituellem Bewusstsein reisen, werden wir eines Tages die Wahrheit dieser optimalen Balance leben.

Energien der Liebe

Empathie und Verständnis

Es heißt, dass kein Geist von alleine heilt – wir wachsen durch andere Menschen. Im Hebräischen gibt es einen Ausdruck dafür: *Tikkun Olan*, das kollektive spirituelle Bemühen, die Welt zu heilen.

Sich für unsere Mitmenschen zu öffnen, ist ein wichtiger Bestandteil spirituellen Wachstums. Sehen Sie es als Erblühen, das nur stattfindet, wenn die Sonne der spirituellen Stärke zum Zenit aufsteigt. Spiritueller Friede ermöglicht, uns mit den Seelen anderer zu verbinden und ihre Erfahrungen intuitiv zu kennen, ohne von ihnen aufgesogen zu werden.

Wer ohne Friede ist, pendelt zwischen zwei Extremen. Einerseits sind wir wie schlecht eingestellte Radios, die durch das Rauschen ihrer eigenen Gedanken und Emotionen taub und unfähig werden, Signale von außen genau wahrzunehmen. Andererseits werden wir ohne spirituellen Kern, der als innerer Kompass die Balance immer wieder herstellt, von den Energien, dem Willen oder den Emotionen anderer hinweggespült.

*Wenn du andere glücklich machen willst, habe Mitleid.
Wenn du dich selbst glücklich machen willst, habe Mitleid.*

•

Dalai Lama
(geb. 1935)

Als kürzlich einer seiner Mönche nach siebzehn Jahren der Gefangenschaft zurückkehrte, fragte ihn der Dalai Lama, ob es in dieser Zeit einen Moment gegeben hätte, in dem er sich in Gefahr gefühlt hätte. Der Mönch zögerte einen Moment. Dann antwortete er, dass da ein Moment großer Gefahr gewesen wäre, und zwar, als er fast das Mitleid für seine Peiniger verloren hätte.

Aus der Vereinigung von Empathie und Verständnis wird Mitleid geboren. Es ist eines der reinsten Gesichter unseres spirituellen Potenzials und erhebt uns über den Drang, über andere zu urteilen. Von diesem wissen wir, dass er in unseren eigenen Unsicherheiten wurzelt. Mitleid ist der erste Lichtstrahl, den wir jenen schenken können, die im Dunkel sind. So erfüllen wir unsere spirituelle Bestimmung und die Pflicht, unsere Mitreisenden zu erleuchten.

Aufmerksamkeit und Offenheit sind zwei der wichtigsten Eigenschaften, um Gefühl und Verständnis für andere zu entwickeln. Es

Empathie und Verständnis

gibt eine Reihe von Übungen, um diese Attribute in uns selbst zu verbessern.

Für die erste Übung müssen Sie einen Bekannten oder jemanden, über den Sie in den Medien gelesen haben, auswählen. Denken Sie daran, was diese Person beruflich macht und an all die positiven Eigenschaften, die sie haben muss, um ihre Aufgaben gut zu erledigen. Visualisieren Sie, wie sie diese Qualitäten bei der Arbeit zeigt.

Für die zweite Übung benötigen Sie ein großes Blatt Papier und einen Stift. Zeichnen Sie einen Kreis und schreiben Sie den Namen eines Bekannten hinein. Malen Sie Kleckse rund um den Kreis, um die spezifischen Emotionen und Bindungen, zu denen diese Person neigt, zu kennzeichnen. Ziehen Sie nun einen größeren Kreis um alles herum. Stellen Sie sich den inneren Kreis als Sonne vor und zeichnen Sie ihre Strahlen bis zum äußeren Kreis, der den Rand des Universums darstellt. Die Kleckse der Emotionen blockieren einige, aber nicht alle Sonnenstrahlen. Die essenziellen Eigenschaften des Geistes scheinen durch. Um Ihr spirituelles Diagramm zu vervollständigen, schreiben Sie die Qualitäten dieses speziellen Individuums entlang der gezeichneten Strahlen.

Energien der Liebe

Karma

Karma ist das Gesetz der Wiederkehr, nach dem das spirituelle Universum organisiert ist. Es ist ein System von natürlicher Justiz, die nicht auf moralischen Urteilen basiert, sondern auf dem Prinzip, dass das, was uns widerfährt und was wir erhalten, automatisch das reflektiert, was wir tun und geben. Alles Karma kommt aus der Qualität unseres Bewusstseins. Karma besteht innerhalb des Geistes.

Das kann man auf diversen Ebenen verstehen. Wir können selbst herausfinden, wie wir unmittelbar vom Geben profitieren: Es macht uns glücklich. Andererseits, wenn wir nehmen, wenn also das Ego unsere Motive kontrolliert, geraten wir in spirituelle Spannung. Das ist das unmittelbarste Karma.

Wir können uns Karma auch als komplexes Netzwerk von spiritueller Ursache und Wirkung vorstellen, auf das wir vertrauen. Alles kehrt in einen Zustand des Gleichgewichts zurück. Wenn wir gut leben, in Friede und Liebe zu anderen, ohne Gedanken an materiellen Gewinn, wird unsere spirituelle Bereicherung unweigerlich zu uns zurückkommen, vielleicht auf verschlungenen Pfaden. Wir mögen die Effekte nicht sofort sehen, doch sie werden wiederkehren und unseren Geist bereichern. So kontrollieren wir unser Schicksal.

Viele Menschen glauben außerdem, dass Karma und Reinkarnation unentwirrbar verbunden sind. Das ermöglicht uns zu verstehen, warum es unterschiedliche Schicksale auf dieser Welt gibt – manche sind reich, manche arm, manche im Frieden, manche im Krieg.

Die mystischen Implikationen sind komplex, doch man kann sich Reinkarnation als Rationalisierung der Gesetze von Ursache und Wirkung vorstellen. Wir sollten unsere früheren Leben nicht visualisieren, materielle Konzepte können Unfassbares nicht beschreiben.

Karma hat mit der Qualität der Lebensführung zu tun. Wenn wir Karma auf höchstem Niveau praktizieren wollen, müssen wir nach dem leben, was wir im Herzen spüren, und nicht Gutes nach Rezept tun. Wir können jemandem eine Mahlzeit pro Tag geben und ihn am Leben erhalten.

> *Nichts kann sein Ziel irgendwo anders haben als an seinem Ursprung.*
>
> Simone Weil
> (1909 – 1943)

Karma

Besser wäre es, ihn zu lehren, wie man fischt und kocht, denn dann ist er frei und unabhängig. Jemanden Karma und seine Wirkungsweise zu lehren heißt, seine Seele restlos von dem, was er in der Vergangenheit getan hat, zu befreien, so dass er seine eigene Zukunft gestalten kann.

Manche Leute wissen ein wenig von Karma, vor allem von seinen dunklen Seiten: Bestrafung für vergangene Taten, Vergeltung, die uns schließlich einholen wird. Doch wenn es überhaupt Bestrafung gibt, dann ist es Selbstbestrafung. Eine Tat, die aus einem falschen Bewusstsein heraus getan wird, löst spirituelle, mentale oder emotionale Schmerzen aus. Das ist, in den Begriffen einer ethischen Justiz, „Sünde". Doch weil Karma ein unveränderliches Gesetz ist, macht uns unser Verständnis frei und ermutigt uns, freudig zu leben. Wenn wir Karma als universelles System natürlicher Gerichtsbarkeit begreifen, können wir die Bürde, Richter anderer Menschen zu sein, ablegen. Darüberhinaus ermutigt und ermächtigt uns Karma, die tiefste Freude unseres Herzens heute zu geben, im Wissen, dass diese Ausstrahlung morgen auf uns zurückscheint.

Energien der Liebe

Familie

Die Familie ist wie eine Lupe, die unsere Beziehungen zu anderen stark vergrößert zeigt. Im Familienkontext scheinen die Emotionen oft intensiver zu sein. Familienmitglieder haben eine unheimliche und unfehlbare Fähigkeit, unsere Schwachpunkte zu treffen, sie wissen genau, welche Knöpfe sie drücken müssen, um einen Schwall von Emotionen auszulösen.

Familiäre Beziehungen oszillieren oft zwischen Extremen: Zorn schmilzt zu Versöhnung, die wiederum in Zorn umschlägt, oder Eifersucht verwandelt sich in das Flehen um Vergebung.

Diese Unbeständigkeit kann durch mehrere Faktoren erklärt werden. Zuächst die physische Nähe: Wenn wir uns sehr oft sehen, bekommen wir Probleme nicht so leicht in den Griff. Zweitens macht die Vorgeschichte familiäre Beziehungen sehr kompliziert. Die Phasen, die wir durchlaufen haben, das intime Wissen, das wir teilen, die große Intimität, die Eifersucht, Enge, Entfremdung und ein überwältigendes Bedürfnis nach Bestätigung auslöst – das alles schafft schwierige Bedingungen für die Suche nach spirituellem Bewusstsein.

Die Familie gilt als Quelle von Werten, die starke spirituelle Obertöne haben, etwa Liebe, Großzügigkeit, Loyalität und Wahrheit. Die Familie wird in vielen Religionen hoch geschätzt, im Christentum, im Judentum und im Islam. Auch im Konfuzianismus wird auf kindliche Ehrfurcht, das heißt Respekt, Liebe und Verpflichtung gegenüber den Eltern, viel Wert gelegt. Doch am besten stellt man sich die Familie als eine Umgebung vor, die spirituelle Herausforderungen aufwirft.

Familien werden oft durch emotionale Bedürfnisse zusammengehalten, die der wahren Kraft des Geistes entgegenwirken. Die grundlegende Aufgabe für jeden, dessen Leben stark durch Familie geprägt ist, und das sind die meisten von uns, besteht darin, familiäre Verantwortung mit der Entwicklung des Geistes in Einklang zu bringen. Der Geist muss sich über emotionale Unsicherheit erheben, um frei zu atmen. Frei atmen bedeutet, emotionale Abhängigkeit zu lösen, was in keiner Weise das Ende von Verantwortung, Fürsorge oder Liebe meint. Im Kern spirituellen Lebens steht Selbst-Respekt und dieser ist unmöglich, ohne das Wissen, seine Verpflichtun-

Familie

gen zu erfüllen. Wir müssen entscheiden, welchen Wert wir der Unterstützung von Verwandten beimessen, sowohl älteren als auch jüngeren. Wir könnten uns in einem Dilemma befinden, etwa, ob wir eigene Ziele ändern sollen, um einem einsamen Verwandten Zeit zu widmen? Solche Fragen sollte man im Hinblick auf unseren obersten Lebenszweck sehen: Liebe zu geben. Die Antwort auf dieses spezielle Dilemma hängt von den Umständen und unserer instinktiven Einschätzung davon ab, was richtig ist. Wir sollten auf Tricks des Ego achten: Wenn wir finden, dass sich ein Onkel an das Alleinsein gewöhnen muss, ist diese Einschätzung unparteiisch – oder sucht nur das Ego plausible Ausreden aus Eigeninteresse?

Eines der größten Privilegien des Lebens ist der Kontakt mit der Jugend – mit eigenen Kindern oder denen von Freunden. Wenn wir selbst Kinder haben und sie aufziehen, schicken wir von unserem spirituellen Beispiel beeinflusste Botschaften in die Zukunft. Doch wir können auch von Kindern lernen. Nicht, dass sie spirituell bewusste Wesen wären, obwohl der Mythos der kindlichen Unschuld nur sehr schwer zu zerstreuen ist. Doch wir können aus dem Tempo lernen, mit dem sie selbst Fortschritte machen, aus ihren intuitiven Einsichten, ihrer Ablehnung gesellschaftlicher Übereinkünfte und ihrer Begeisterung für das Entdecken. Jeder, der mit Kindern zu tun hat, sollte an die weisen Worte Carl Jungs denken: „Wenn wir wünschen, etwas an einem Kind zu ändern, sollten wir es zuerst untersuchen und überprüfen, ob es nicht etwas ist, das wir besser an uns selbst ändern."

Energien der Liebe

Freundschaft

Eine Freundschaft ist eine gewählte Verwandtschaft – eine bewusste Festlegung, sich zu unterstützen, Kommunikation zu teilen und diesen Kanal offen zu halten. Für viele geht der Wert von Freundschaften über Gesellschaft, Ideenaustausch oder gemeinsame Freizeitaktivitäten hinaus. Freunde können sich einer Gemeinsamkeit des Geistes in reinerer, unkomplizierterer Form erfreuen als sexuelle Partner.

Für den griechischen Philosophen Epikur ist Freundschaft von essenzieller Bedeutung, weil sie sowohl auf dem Prinzip des Nutzens aufbaut, als auch darüber hinausgeht. „Ohne Freund zu essen und zu trinken," schreibt er, „heißt, wie der Löwe oder der Wolf zu fressen." Aus dem Nutzen entspringt Liebe und der liebende Freund ist mutig und sogar bereit, für seinen Begleiter zu sterben. Im klassischen Mythos sind Freundschaften oft leidenschaftlich. Im Trojanischen Krieg reagierte Achilles auf den Tod seines Freundes Patrokles, indem er sich Hände und Kopf mit Schmutz beschmierte und sich in Weinkrämpfen auf dem Boden wand – ein extremes Beispiel für eine emotional aufgeladene Freundschaft, die den Geist in Turbulenzen stürzt, wenn äußere Umstände die Verbindung schädigen.

Die epikuräische Bedeutung des Mutes kann auf moderne Freundschaft ausgedehnt werden. Einem Freund Liebe zu zeigen, ihm zuliebe selbstlos zu handeln, erfordert Mut in einer Gesellschaft, die dem Altruismus misstraut. Wir brauchen noch mehr Mut, wenn wir Liebe auf all unsere Bekanntschaften erweitern. In Wahrheit ist spirituelle Verwandtschaft in all unseren Beziehungen vorhanden, weil Geist die universelle Quelle des Selbst ist, der Springbrunnen der Energie, den alle Individuen teilen. Vor diesem Hintergrund ist Mut Selbst-Kenntnis und Akzeptanz, die das Vertrauen verleiht, zu geben und Freundschaft zur Basis all unserer Begegnungen mit anderen Menschen zu machen.

Wenn wir in spirituellem Bewusstsein leben, dann wird unsere Freundschaft auf alle, die wir treffen, ausstrahlen. Keine Abweisung kann uns verletzen.

> *Freundschaft läuft tanzend durch die Welt und lädt uns alle ein, zu erwachen und ihr Loblied zu singen.*
>
> Epikur
> (341 – 270 v. Chr.)

Freundschaft

Übung 23

Kreise der Liebe

Die tibetanische Meditation „liebende Freundlichkeit" soll positive Gefühle gegenüber Fremden und unsympathischen Menschen fördern. Diese drei Visualisierungen basieren darauf.

1. Notieren Sie die fünf wertvollsten Eigenschaften eines engen Freundes. Jede stammt aus einer anderen Quelle, wie die Nebenflüsse eines Bergbaches. Diese Quelle ist Geist. Verfolgen Sie die Flüsse zur Quelle. Lassen Sie das Bild verblassen, denken Sie aber weiter über die zugrundeliegende Bedeutung nach. Dieses Bild ist nur ein Weg, Geist zu begreifen.

2. Wiederholen Sie die Übung mit einem weniger engen Freund. Denken Sie an die Gefühle, die Sie für beide empfinden. Einen kennen Sie besser, doch auf spirituellem Niveau sind ihre Gefühle für beide gleich. Intimität und Wert hängen nicht zusammen. Freundschaft ist unvergleichlich wertvoll.

3. Machen Sie diese Übung mit Menschen, die Sie anfangs nicht gemocht haben. Denken Sie über deren positive Eigenschaften nach. Auch diese Menschen werden aus der Quelle reinen Geistes gespeist. Spüren Sie, wie Ihre Reaktionen positiver werden.

Energien der Liebe

Vergebung und Versöhnung

Das Ausmaß, in dem wir Menschen vergeben können, ist das Ausmaß unserer Liebe zu ihnen. Wenn wir unser Herz vor anderen verschließen, ziehen wir uns auf den Schmerz zurück, von dem wir glauben, dass sie ihn verursacht haben. Dieser Schmerz nagt in uns, er erzeugt Dunkelheit und Gift. Vergebung ist der natürliche Zustand des Geistes, ein Aspekt spiritueller Gesundheit, ein Blütenblatt der Liebe. Ärger ist eine Erkrankung des Geistes, die den Seelenfrieden sabotiert.

Jeder, der uns Schlechtes wünscht, strahlt eine mächtige, fehlgeleitete Energie aus, die in seinem eigenen Schmerz und Ärger wurzelt. Tatsächlich wünscht er sich selbst Schlechtes. Wenn wir vergeben, senden wir heilende, liebende Energie und lindern ein wenig die negativen Gefühle, wir schicken einen Lichtstrahl in sein Herz. Dieser Strahl wird zu uns zurückreflektiert und macht uns stärker. Auf bewusstem Niveau mag die Person den Strahl zurückweisen. Doch seine Wirkung wurde gewiss absorbiert. Kein Geschenk positiver Energie wird gänzlich vom Empfänger abgewiesen: Etwas davon wird immer genutzt und trägt zur Summe des Guten in der Welt bei.

Eine Mutter vergibt den Wutanfall ihres Kleinkindes oder den rebellischen Zorn ihres Teenagers, weil sie weiß, dass ihr Kind unschuldig ist. Der Geist lernt, er kämpft gegen die Herrschaft des Ego. Wir alle sind von unschuldigen Seelen umgeben, die ihren Glanz verloren haben, abgestumpft sind durch Nachlässigkeit und zerfressen von der Säure des Ego. Wenn ein Freund uns unerwartet kränkt, erhaschen wir einen Blick auf eine Seele, die berührt werden möchte. Indem wir mit einer Botschaft der Akzeptanz und Liebe antworten, stiften wir Frieden.

Wir können unsere Gefühle wählen. Wenn man uns wegen unserer Ansichten auslacht, uns schlecht macht oder jemand in gedankenloser Hast gegen uns prallt, ist es manchmal schwierig, einer Aufwallung turbulenter Reaktionen zu entgehen. Doch wenn wir die zerstörerischen emotionalen Wogen geglättet haben, können wir den Weg der Vergebung wählen. Das ist vor allem eine innere Geste der Akzeptanz, eine Weigerung, dieser Person die Wärme vorzuenthalten, die wir auf alle anderen ausstrahlen. In der Praxis könnten wir nach einem solchen Zwischenfall eine der Tugenden

Vergebung und Versöhnung

dieser Person würdigen und über sie nachdenken, als Zeichen unserer spirituellen Verwandtschaft. Auch wenn wir die Person nicht gut kennen oder keine Zeit mit ihr verbringen wollen, ist das eine gute Übung.

Vergebung ist eine Deklaration des Herzens, unterstützt von einer Resolution des Verstandes. Vielleicht wünschen wir, unsere innere Geste der Segnung mit einer Art Visualisierung oder äußeren Geste zu kennzeichnen – etwa ein gedachtes oder reales Falten der Hände. Wenn Vergebung als wahrer Akt des Geistes passiert, benötigt sie einen Moment. Doch realistischerweise brauchen die meisten Menschen Zeit, um sich mit dem Geschehenen abzufinden, bevor sie den Schluss ziehen, dass Vergebung die einzig mögliche Lösung darstellt.

Ein umgangssprachlicher Ausdruck für Vergebung oder Versöhnung nach einem Streit ist „das Kriegsbeil begraben". Das Werkzeug der Aggression wird weggelegt. Doch aus dieser Phrase hat sich ein Sprichwort entwickelt: „Es ist eine Sache, das Kriegsbeil zu begraben, doch eine andere zu vergessen, wo man es begraben hat." Eine Versuchung ist es, stolz auf die eigene Toleranz und

Mildtätigkeit zu sein. Doch zu wahrer Vergebung gehört ein völliger Punkteausgleich, die Akzeptanz der Gleichheit mit der anderen Partei, die Weigerung, im Fehler, den sie begangen haben mag, oder in der eigenen Leistung zu schwelgen.

Das heißt nicht, dass wir aufhören sollen, für uns selbst einzutreten. Wenn jemand Lügen über uns erzählt, heißt Vergebung nicht, dass wir Verleumdungen nicht korrigieren dürfen. Wenn jemand uns um eine Erbschaft betrügen will, sollten wir wenn nötig einen Anwalt konsultieren. Wichtig ist nur, das alles in einem Geist der konstruktiven Wiedergutmachung zu tun. Die einzigen Kriege, die wir führen müssen, sind die gegen unsere eigenen niederen Instinkte.

Energien der Liebe

Eine Welt ohne Fremde

Atmosphäre bedeutet „Sphäre rund um die Seele". Wir schaffen unsere eigene Atmosphäre, die, wenn wir spirituell bewusst sind, mit wiederhallender positiver Energie geladen ist. Der sanfte Hauch der Liebe kann auch andere aus ihrem gewohnten Schlummer erwecken.

Menschen, die nicht völlig erweckt sind, neigen dazu, Wände aufzubauen, die ihr Leben definieren und sie von anderen abgrenzen – wie Tiere, die sich zum Winterschlaf in ihren schützenden Höhlen verkriechen. Doch was geschieht, wenn wir über diese Grenzen hinweg Kontakt mit Menschen aufnehmen – nicht nur mit Freunden, Arbeitskollegen oder Bekannten, sondern auch mit Fremden, die wir vielleicht nur einmal im Leben treffen?

Geist verbindet die ganze Menschheit in tiefer Verwandtschaft. Wir alle haben die Qualitäten des Geistes und unser Potenzial an Liebe, Mut, Geduld, Vertrauen, Ehrlichkeit und Vergebung. Doch als Individuen neigen wir dazu, Menschen in einer Hierarchie der Intimität zu arrangieren, die Fremde ausgrenzt. Wir mögen für die Opfer von Kriegen, Hungersnöten oder Erdbeben Mitgefühl haben, doch die Mehrheit der Menschen, die wir im Alltag treffen, bedeutet uns nichts und wir registrieren nicht einmal, wie sie aussehen. Menschen so verschwommen zu sehen ist ein Versagen von Vorstellungskraft und Geist. Indem wir uns andere und das, was wir für sie tun können, zu Bewusstsein bringen, erweitern wir uns selbst und erblühen zu Ganzheit.

Es ist nicht ungewöhnlich zu glauben, dass freundliche oder liebenswürdige Taten für Fremde Misstrauen oder sogar Angst auslösen. Viele von uns wurden darauf konditioniert, dass andere nicht aus ihren Träumen gerissen werden wollen. Doch die spirituelle Reise bringt uns allen näher und es ist eine natürliche Begleiterscheinung, Fremden offen und mit Liebe zu begegnen. Stellen Sie sich vor, dass Sie sich mit einen Fremden treffen, um ein

Vernachlässige nicht die Gastfreundschaft gegenüber Fremden, denn einige haben schon Engel bewirtet, ohne es zu wissen.

•

Hebräer 13.2

Eine Welt ohne Fremde

Thema zu diskutieren. Warum kein Geschenk mitnehmen? Warum sehen Sie das Treffen nicht als Gelegenheit, um in einem Prozess wechselseitiger Bereicherung zu lernen und zu lehren?

Das Sarangi, ein indisches Musikinstrument, hat „sympathische Saiten", die mit den vom Musiker gezupften Saiten mitschwingen. Wenn wir einem Fremden Liebe anbieten, schwingen seine sympathischen Saiten in Harmonie mit unseren. Sogar wenn wir scheinbar abgewiesen werden, was gelegentlich passiert, besteht kein Zweifel, dass unsere positive Energie einen versteckten Akkord des Friedens angeschlagen hat.

Meditieren Sie über das Netz, das uns mit allen anderen auf dieser Welt verbindet. Denken Sie an die Menschen, die Ihr Leben jeden Tag unsichtbar berühren. Lassen Sie Ihren Geist Licht verströmen, um die Schwingungen um Sie herum zu ändern. Öffnen Sie sich selbst, damit die positive Energie anderer mit Ihrer eigenen fließt.

Beobachten Sie einen Fremden. Beobachten Sie, wie er sein Leben lebt, seine Äußerungen, seine Haltung, die Art, wie er sich der Welt präsentiert und versuchen Sie, eine Vorstellung vom wahren Selbst in ihm zu erhaschen. Denken Sie stets an den Wert der anderen.

Innere Kraft

Die offensichtlichen Wahrheiten des Lebens werden von uns oft vernachlässigt: Es gibt Leid; wir werden alle sterben. Spirituelles Bewusstsein gibt uns die Kraft, damit fertig zu werden, wenn das Schicksal unsere Pläne durchkreuzt, wenn wir geliebte Freunde verlieren oder selbst dem Unbekannten gegenübertreten – dem neuen Abenteuer der Seele am Ende ihres irdischen Aufenthalts.

Oft leben wir, ohne über Schicksal und Sterblichkeit nachzudenken, und darüber, wie diese Faktoren unser Verständnis von Identität und Sinn beeinflussen. Das ist gefährlich, weil wir so weniger Ressourcen haben, das Unerwartete zu bewältigen. Wenn wir die Wahrheit des Geistes entdecken, sehen wir unser gesamtes physisches Leben auf diesem Planeten aus einer neuen Perspektive, die uns in Krisen Kraft gibt. Wir erkennen, dass der Geist in einer völlig anderen Dimension gedeiht als der Körper. Der Schmerz, den wir verspüren, wenn Pläne scheitern oder unser bester Freund stirbt, ist der Schmerz des Verhaftet-Seins. Wir können ihn verringern, wenn wir andere Prioritäten setzen. Loslassen hilft uns Strategien zu finden, den Schmerz zu überstehen.

Wir alle können innere Kraft erlangen, wenn Spiritualität gegen Egotismus gewinnt. Es gibt anspornende Beispiele – Menschen, die angesichts von Elend enormen Mut zeigen, deren Geist mit Humor scheint. Wenn wir Geist zur obersten Priorität machen, haben wir Zugang zu einem Reservoir der Stärke.

Innere Kraft

Mit einem Verlust leben

Tod ist in allen Kulturen formalisiert: Es gibt Regeln für die Trauer und uralte Bestattungsrituale. Im Westen gibt es tröstende Literatur, die anerkennt, dass der Verlust eines Freundes, Verwandten oder Partners traumatisch ist. Bei den Hinterbliebenen gerät der Geist in Turbulenzen, wenn sie den Trauerfall zu verarbeiten versuchen. Durch Trauer erlaubt die Gesellschaft diese Zerrüttung.

Das Wort „Verlust" ist mit Tod verbunden. Mit Trauer drücke ich meine eigene Sicht aus: Es ist, als ob ein Teil von mir gestorben wäre, weil ich dich in meinem Leben willkommen geheißen habe. Oft haben wir auch Schuldgefühle, eine Person zu wenig geschätzt zu haben.

Trauer und Schuld sind Illusionen, wenn wir unseren Platz im spirituellen Gefüge gefunden haben. Als Wesen des Geistes sind wir unzerstörbar. Im Tode kehren wir nach Hause zurück, zur Quelle, die die Christen Reich Gottes nennen. Es könnte auch der Beginn eines neuen Abenteuers sein: Wiedergeburt. Diese Bilder beschreiben die Abreise des Geistes aus einem verbrauchten Körper. Spirituell gibt es im Leben keinen Verlust, nur Bewegung. Schuld und Traurigkeit sind nicht hilfreich, weil sie Bindungen an die Vergangenheit stärken. Nur in Gegenwart und Zukunft erfüllen wir unser Potenzial der Liebe.

Doch was soll ich mit meiner Trauer tun, die persönlichen Verlust mit der Frage nach versäumten Gelegenheiten vermischt, wo bleibt das erlöschte Potenzial des Verstorbenen, Liebe und Glück zu verbreiten? Wenn wir Emotionen ausmerzen, glauben wir vielleicht, das Leben gering zu schätzen, weil wir uns auf uns selbst konzentrieren und den verlorenen Freund, Verwandten oder Geliebten nicht genügend würdigen. Die Antwort ist, sich ohne Bindung zu erinnern. Wir werden einen Weg finden und vielleicht traditionelle Formen des Erinnerns aufgreifen – Fotoalben oder Reisen zu bedeutsamen Orten – um den Wert und die Schönheit einer Seele zu würdigen, deren neues Abenteuer soeben beginnt.

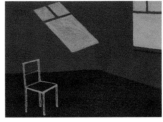

Ich glaube, dass das Gebet der Sterbenden nicht „Bitte" lautet, sondern „Danke", wie ein Gast seinem Gastgeber dankt.

Annie Dillard
(geb. 1945)

Mit einem Verlust leben

Übung 24
Ein Schiff segelt davon

Trauer kann so intensiv sein, dass Beileid wie eine Kerze erscheint, die man nachts in den Dschungel mitnimmt. Doch den Hinterbliebenen können Worte ein großer Trost sein. Diese Übung beginnt mit einem Zitat aus Victor Hugos *Die Arbeiter des Meeres*, auf das mich jemand aufmerksam machte, als meine Mutter starb. Lesen Sie es, visualisieren Sie es, spenden Sie Segen.

Das Bild
„Das Schiff segelt davon und ich sehe zu, bis es am Horizont verschwindet und jemand neben mir sagt: 'Es ist gegangen.' Wohin? Von meiner Seite gegangen, das ist alles, es ist noch genauso groß wie vorher. Die Verkleinerung und schließlich das völlige Verschwinden sind in mir, nicht in ihm. Und in dem Moment, wo jemand neben mir sagt: 'Es ist gegangen', gibt es andere, die es kommen sehen und andere Stimmen, die den frohen Ruf aufnehmen: 'Da kommt es!' Das ist Sterben."

Der Segen
Der Tod eines geliebten Menschen ist Anlass, ihm Segen mit auf die Reise ins Jenseits zu geben. Durch Festklammern halten wir zurück: Lassen Sie los. Geben Sie ihren freudigen Segen, begleitet von den Schreien der Möwen und dem Rhythmus der Wellen.

Innere Kraft

Jenseits des Schmerzes

Nach Jahren der Krankheit und Traurigkeit hatte der deutsche Philosoph Friedrich Nietzsche eine wichtige spirituelle Einsicht: In einem Moment der Erleuchtung erkannte er, dass all sein Leiden zu dem beigetragen hatte, was er war, auch zu der Möglichkeit, so einen gesegneten Moment zu erleben. Er entschied, dass ein wahrlich erleuchtetes Bewusstsein zu seiner gesamten Existenz „Ja" sagen konnte und dieses Leben genauso wiederholen würde, wenn es die Chance bekäme.

Eine Anzahl esoterischer Schulen lehrt, dass der Geist Schmerz wählt, um sich selbst zu härten wie eine Klinge auf einem Amboss. Die Aufgabe lautet nicht, den Schmerz zu besiegen, sondern zu entdecken, was er uns lehren kann. Für die Entwicklung des Geistes, so wird gesagt, ist Änderung des Bewusstseins wichtiger als Heilung. Manche Mystiker fügen sich selbst sogar Schmerzen zu, um Gott näher zu sein.

In einem gewissen Sinn existiert Schmerz nur im Kopf. Der „Pforten-Kontroll-Theorie" zufolge sind Teile des Nervensystems für verschiedene Bereiche der Schmerzempfindung zuständig. Das Rückenmark registriert Schock, ein Teil des Gehirns analysiert die Natur des Schmerzes, ein anderer produziert ein Gefühl intensiven Unbehagens. Es gibt psychologische Techiken, den letzten Teil des Erlebnisses auszublenden (dazu gehört Hypnose) – das heißt, sich des Schmerzes bewusst zu sein, ohne die Unannehmlichkeit zu erleben. Wie alle negativen Energien kann man Schmerz zur Kenntnis nehmen, akzeptieren und entlassen. Das entspricht der Art, wie wir mit Emotionen umgehen können (siehe Seite 71), indem wir sie nicht bekämpfen, sondern uns von ihnen lösen.

Wir können uns einen Raum vorstellen, in dem unsere mentalen und physischen Funktionen stattfinden. Die Lampe ist der Geist. Bewusst sperren wir den Schmerz in einen Schrank. Der Schmerz ist nach wie vor da, doch er ist vom Geist, der wesentlichen Erfahrung der Identität des Selbst, getrennt. Wenn wir unsere Aufmerksamkeit dem Geist widmen, wird unser Körper in seinem reinen Licht gebadet, der Schmerz wird an der Peripherie unseres Seins erlebt und akzeptiert und nicht im Zentrum. Dadurch kann der Verstand seine Funktionen weiterhin erfüllen.

Jenseits des Schmerzes

Übung 25

Den Drachen beherrschen

Für viele Menschen, die unter Schmerzen leiden, ist Entspannung – und damit Meditation – unmöglich. Eine Möglichkeit zur Schmerzbewältigung ist, das Erlebnis selbst zum Meditationsthema zu machen.

1. Ihr Schmerz ist das Einfachste, auf das Sie sich konzentrieren können, also ist er Fokus Ihrer Meditation. Beschreiben Sie ihn zunächst möglichst vollständig. Wo ist er? Ist er stechend oder dumpf? Ist er heiß?

2. Formen Sie ein mentales Bild von Ihrem Schmerz. Vielleicht ist er wie ein Orchesterstück oder ein Ölteppich auf dem Meer oder die Bewegung einer Maschine, einer Uhr oder eines Getriebes. Konzentrieren Sie sich völlig auf den Schmerz. Wenn er sich auch nur leicht verändert, verändern Sie das Bild.

3. Atmen Sie langsam und tief. Beim Ausatmen verlässt Sie ein wenig Schmerz. Holen Sie beim Einatmen den Schmerz zurück. Das mag seltsam erscheinen, doch Sie lernen so, ihn zu kontrollieren. Jedes Mal wird er etwas kleiner werden. Sie werden ihn nicht auf einmal ausmerzen können, aber nach und nach. Schließlich ist er deutlich gemildert.

Innere Kraft

Die Fügungen des Lebens

Eine Stewardess, die für einen bestimmten Flug eingeteilt war, wurde aus irgendwelchen Gründen nicht mehr dafür benötigt. Die Maschine stürzte ab und viele Menschen starben. Ihr knappes Entkommen traumatisierte sie. In Therapie fand sie heraus, dass sie für Ihre Heilung etwas völlig anderes tun musste, etwas, das mit der Natur zu tun hatte. Also reiste sie nach Uganda, um Berggorillas zu beobachten. Eines Tages brachten Rebellen das Camp in ihre Gewalt. Die Geiseln wurden in zwei Gruppen geteilt. Sie war in der Gruppe, die freigelassen wurde, die anderen wurden ermordet.

Das Schicksal kann uns in extreme Situationen führen – weit entfernt von dem, was wir gewohnt sind. Das Schicksal kann unsere Pläne durchkreuzen und Hoffnungen zunichte machen. Wenn solche Ereignisse eintreten, wird unsere Kapazität, Friede und Zufriedenheit unabhängig von den Gezeiten des Lebens aufrechtzuerhalten, auf eine harte Probe gestellt. Doch das unendliche Netzwerk von Ursache und Wirkung, das vom individuellen Blickwinkel aus zufällig erscheint, ist unentrinnbar, wenn wir es aus einer globalen Perspektive betrachten. Das ist die Umwelt, in der der Geist existiert und der Hintergrund, vor dem sich unser Leben entfaltet.

Spirituell Bewusste verstehen, dass das Schicksal keine Lotterie ist, sondern ein System. Für Erleuchtete gibt es keine Zufälle. Wenn wir auf einer tieferen Ebene verstehen, können wir die karmischen Zusammenhänge erkennen. Was uns wiederfährt, kann wörtlich oder symbolisch als Konsequenz dessen interpretiert werden, was wir früher, vielleicht in früheren Leben getan haben. In der Gegenwart manifestiert sich das Schicksal in der materiellen Welt. Der Geist belebt die physikalische Form und als Wesen des Geistes formen wir die Ereignisse und übernehmen dafür Verantwortung.

Entscheidungen, die wir treffen, strahlen in die Welt der Phänomene aus. Deshalb gibt es für eine wahrhaft erleuchtete Seele so etwas wie das Schicksal nicht. Das wird auf vielerlei Art deutlich, wenn wir über Karma sprechen. Jede Wirkung hat ihre Ursache und die Ursprungsursache für alles ist Geist. Was Ihnen als Schicksal erscheint, ist nur Ihr zurückkehrendes Karma.

Die Fügungen des Lebens

Denken Sie an den Aktienhändler an der Wall Street, der in seiner Freizeit freiwillig Sozialarbeit für die Ärmsten leistet. In seinem Beruf könnte er Reichtum anhäufen, dann einen Rückschlag erleiden und in Schulden enden. Andere würden ihn als Versager bezeichnen und kompromittieren. Doch was spielt das für eine Rolle, wenn er auch stetig spirituellen Reichtum durch Selbstlosigkeit angesammelt hat? Wenn Geist in der anderen Waagschale liegt, erscheint materieller Reichtum nicht einmal auf der Skala.

Als spirituelle Wesen erkennen wir, dass unser Leben zwar vorbestimmt ist, wir jedoch freien Willen besitzen. Handlungen, die höchster Spiritualität entspringen, wirken auf einer Ebene, auf der das Schicksal keinen Schaden anrichten kann. Wir sind frei, weil wir nicht in materiellen Belangen verhaftet sind. Unsere losgelöste Verbindung zur Welt garantiert, dass uns das Netzwerk von Ursache und Wirkung niemals Feind wird. Wenn wir Liebe ausstrahlen, sind wir ohne Feinde: Wir sind sicher.

Innere Kraft

Das Ende der Reise

West und Ost haben unterschiedliche Vorstellungen vom Altern. Im Westen werkeln wir nach der Pensionierung herum, bis wir sterben. Im Osten gilt das Alter als Zeit der Weisheit und spiritueller Energie, die am besten geeignet ist, anderen die Segnungen unserer Erfahrung zukommen zu lassen. Wir würden gut daran tun, uns am Osten ein Beispiel zu nehmen und statt des fortschreitenden Niedergangs das Potenzial nutzen, das wir haben, auch wenn unsere physischen Kräfte schwinden. Der Körper verliert an Glanz, doch die Erfahrung kann den Geist umso mehr zum Strahlen bringen.

Wir alle müssen uns der Realität des Todes stellen, doch je näher wir spirituellem Bewusstsein sind, umso weniger bedeutsam wird dieser Moment. Vielleicht haben wir bemerkt, dass ältere Menschen selten ängstlich vom Tod sprechen – vielleicht nimmt nach so vielen Jahrzehnten auf diesem Planeten sogar der materialistischste Pilger etwas spirituelles Bewusstsein auf.

Um den physischen Körper schmerzfrei zu verlassen, möchten wir den Moment des Todes vielleicht selbst wählen. Das ist als „lebendiges Sterben" bekannt – die bewusste Entscheidung, all unsere Bindungen anzuerkennen und loszulassen. Tod ist nur schmerzvoll, wenn wir uns festklammern, während wir davongezogen werden. Stellen Sie sich den Tod als gleitende Rückkehr nach Hause vor – allmählich, unvermeidlich, natürlich, der Aufstieg des Geistes zu seinem Ruheplatz, ohne Rücksicht auf das, was zu dieser Zeit in unserem Körper geschieht.

Der Tod wird häufig nicht als Heimkehr, sondern als Schatten dargestellt. Doch stellen Sie sich vor, Ihrem Schatten davonlaufen zu wollen: Sie werden diesen hartnäckigen Gefährten niemals abschütteln können. So schnell Sie auch laufen, Sie werden sich dabei nur verausgaben. Stellen Sie sich stattdessen vor, wie Sie zufrieden in den Schatten eines großen Baumes treten. Ihr Schatten verschwindet, Ihre Augen passen sich dem schwächeren Licht an. Angst vor dem Tod kommt wie die Angst vor Spinnen oder Mäusen nicht von der Natur der Dinge, sondern von einer Illusion, die sich hartnäckig im Kopf festgesetzt hat.

Das Ende der Reise

Im modernen Leben, besonders im Arbeitsleben, wird uns eingeschärft, dass Zeit ein Wert an sich ist. Das ist einer der Gründe dafür, warum der Tod als Bedrohung erscheint. Wir sehen uns selbst als belagerte Festung, wissend, dass wir nicht durchhalten können: Eines Tages müssen wir unsere Schätze dem Feind übergeben. Falsche Zeitplanung erklärt auch, warum so viele auf die Pensionierung nicht vorbereitet sind – der plötzliche Wechsel von Hunger zu Überfluss wird als psychischer Schock erlebt. Doch wenn wir uns Zeit einfach als Rahmen vorstellen, in dem wir spirituelles Bewusstsein erlangen, als Straße, auf der wir eine Weile reisen, empfinden wir am Ende des Weges keinen Verlust. Wir mögen unsere Erinnerungen genießen, doch ohne Trennungsschmerz. Wir kehren mit zahllosen spirituellen Reichtümern zur Quelle zurück.

Das Erkennen unserer spirituellen Identität bringt Ewigkeit und die Freiheit von Angst mit sich. Wir werden lebendig sterben. Wir sind darauf vorbereitet, in ein neues Abenteuer zu gehen, genauso mühelos wie wenn wir am Ende des Tages vom Wohnzimmer in das Schlafzimmer gehen.

Epilog

Eine neue Form der Anmut

An früherer Stelle dieses Buches stellten wir uns die spirituelle Suche als Reise vor, die jederzeit zu Ende sein kann, unerwartet, in einem Sekundenbruchteil. Nun haben wir erkannt, dass das Erlangen des Bewusstseins der Beginn einer weiteren Reise ist, die als Reise des bewussten Geistes durch unser eigenes Leben und das Leben anderer sowie durch und über unseren Tod hinaus beschrieben werden kann. Erst auf dieser Reise erlangen wir unseren tiefsten und reifen Charakter als einzigartige Quelle von Frieden und Liebe in der Welt. Das Wachstum und die Veränderung, die ein Kind während der Pubertät und Adoleszenz zum Erwachsensein durchläuft, sind nichts im Vergleich zu dem Wachstum und der Veränderung hin zu spiritueller Reife. Wir hören niemals auf zu lernen. Weil unsere Motivation Liebe ist, die das Leben der anderen berührt, spendet uns vieles, was wir lernen, Freude. Wir erhalten von anderen Funken inneren Lichts, entzündet durch das Licht, das wir auf sie werfen.

Vielleicht kennen wir ein paar Menschen, die etwas von diesem Charakter und dieser Reife besitzen, und zweifellos bewundern wir die Art, wie sie durch das Leben gehen. Solche Menschen sind Magneten. Sie geben und umsorgen unaufhörlich, sind voller Humor und Weisheit, die einander zu reflektieren scheinen. Stets finden sie das richtige Wort und selbst wenn sie Fehler machen und kurz verlegen sind, scheinen sie niemals ihr Gefühl dafür zu verlieren, wer sie wirklich sind. Ihre Taten und Worte kommen uns wie die natürliche Entfaltung des Besten ihres Geistes vor. Wir sehen keine Trennung, kein öffentliches und privates Selbst, keine Unterschiede im Selbst bei verschiedenen Anlässen. Irgendwie ist es ein Privileg, Zeit mit so einer Person zu verbringen. Wenn wir von den Problemen, mit denen sie fertig werden musste, hören, lieben wir sie umso mehr.

Spirituelles Bewusstsein ist das Geheimnis, das solche Personen besitzen, und es wurde *unser* Geheimnis – ein gewaltiges Geschenk, das wir wieder entdeckt haben, in uns selbst, wofür wir ewige Dankbarkeit empfinden. Es gibt ein altmodisches Wort, das verdient, rehabilitiert zu werden, um zu beschreiben, wie wir uns verhalten oder der Welt erscheinen, wenn wir im Besitz dieser Gabe sind: „Anmut".

Eine neue Form der Anmut

Dieses Wort beinhaltet die Richtigkeit von Gedanken und Taten und eine Schönheit, die aus dieser Richtigkeit entspringt. Die Schönheit ist nicht physisch, doch sie macht einen unmittelbaren und inspirierenden Eindruck auf alle, die mit ihr in Kontakt kommen. Sie ist das spirituelle Leben, das sich im alltäglichen Sprechen und Verhalten manifestiert. Sie ist eine Autorität, die locker getragen wird, eine tiefe Kraft, die nie streng ist. Anmut ist die Art, wie wir leben, wenn wir spirituell bewusst sind und auf diesem Bewusstsein alle unseren Verbindungen mit der äußeren Welt aufbauen.

Einmal erworben, schlägt die Anmut tief in uns Wurzeln. Wenn wir unser wahres Selbst entdeckt haben, die Wahrheit des Geistes, wünschen wir uns nicht zu den Zwistigkeiten und Spannungen des unerweckten Zustands zurück. Das macht uns zwar nicht immun gegen die Versuchungen von Bindungen, Bequemlichkeit und aufwühlenden Emotionen. Wir sind jedoch nur kurz unsicher, sammeln Kraft zum Aufrichten – und setzen unseren Weg fort. Wir wissen, dass Bindung, Bequemlichkeit, Emotionen falsche Freunde sind und dass die Kosten dafür, der – zumindest vorübergehende – Verlust des wunderbaren Geschenks, unerträglich

Epilog

sind. Spirituelles Bewusstsein hat einen selbstkorrigierenden Mechanismus. Indem wir der Anziehung materieller Bindungen widerstehen, setzen wir unseren wahren Weg fort.

Es ist wichtig zu wissen, dass die Verlockungen der materiellen Welt Außenposten in der spirituellen Welt haben. Etwa wenn unser Wissen vom Geist zu Stolz führt oder unsere Meditation zur Gewohnheit wird. An diesen Punkten könnten wir die Anmut wieder verlieren. Doch wenn unser Selbst-Verständnis sicher ist, werden wir Fallen intuitiv erkennen und uns fernhalten. Wenn wir gemäß den Offenbarungen des Geistes leben, sind wir gegen Irrtümer gefeit.

Das höchste spirituelle Werk ist eine lebenslange Berufung und sprengt die Grenzen dieses Buches. Doch sogar im Rahmen weniger strenger Ziele ist jeder Tag ein Kapitel unserer spirituellen Reise, jede Beziehung eine Chance, einen verwandten Geist zu lieben, jeder Moment voller tiefgründiger Entscheidungen, die alle unser privates und öffentliches Schicksal beeinflussen. Wie alle großen Weisen empfehlen, müssen wir wachsam sein und die Tore unserer Wahrheiten gegen Invasoren der Illusion schützen – es gibt um uns noch immer jene, die es vorziehen, weiter zu schlafen, so zu sein, wie sie immer waren, weil sie noch nicht bereit sind, Geist erstrahlen zu lassen. Wir müssen unsere innere Arbeit still und tief in einer Aura der Demut vollbringen und alle respektieren, die neugierig an unsere Tür klopfen. Wir alle haben unsere Aufgabe zu erfüllen und wenn wir sie mit Würde und Anmut verfolgen, werden andere unser Licht ausleihen, um ihren Weg zu beleuchten. Tatsächlich müssen wir dieses Licht bewusst in ihre Richtung lenken – wie ein Reisender, der seine Fackel nachts nach hinten schwenkt, damit die Nachkommenden ihren Weg über den selben schwierigen Pfad finden.

Alle Bestandteile des Universums sind für ein Leben in spirituellem Bewusstsein geschaffen. Alle anderen Lebensweisen sind Irrwege, die hohe Kosten bringen – Stress und geringe Ressourcen, um mit Krankheiten, Trauerfällen und der Aussicht auf den eigenen Tod fertigzuwerden. Um uns sehen wir Menschen, die bereit sind, Last klaglos auf sich zu nehmen. Wir müssen uns nur unter sie begeben, um Licht auszusenden, in dem sie leben können. Durch unseren strahlenden Geist mehren wir Liebe und Frieden in dieser Welt.

Eine neue Form der Anmut

Eine geräuschlose, geduldige Spinne.
Ich bemerkte, wie sie auf einem kleinen Vorsprung isoliert saß,
Bemerkte, wie sie die riesige leere Umgebung erforschte,
Sie setzte sich in Gang, Faden, Faden, Faden, aus sich selbst,
Stetig ihn abrollend, stets unermüdlich ihn befördernd.

Und du, oh meine Seele, wo du stehst,
Umgeben, verhaftet, in unermesslichen Ozeanen des Raumes,
Unaufhörlich grübelnd, wagend, werfend, suchend die Sphären, die sie verbinden,
Bis die Brücke, die Du brauchst, geformt ist, bis der geschmeidige Anker hält,
Bis der feine Gazefaden, den Du auswirfst, irgendwo festhält, oh meine Seele.

·

Walt Whitman
(1819 – 1892)

Bibliografie

Nachstehend finden Sie eine Liste mit Büchern zu verwandten Themen.

Dowrick, Stephanie: *Nähe und Distanz.* München, 1996

Dreher, Diane: *Das Tao der Weiblichkeit.* München, 2000

Dyer, Wayne W.: *Mut zum Glück. So überwinden Sie Ihre inneren Grenzen.* Regensburg, 1997

Evola, Julius: *Revolte gegen die moderne Welt.* Vilsburg, 1997

Gawain, Shakti: *Stell dir vor. Kreative Visualisierung.* Regensburg, 1986

Hope, Jane: *Die geheime Sprache der Seele.* München, 1998

Katagiri, Dainin: *Rückkehr zur Stille.* Berlin, 1988

Regan, Georgina & Shapiro, Debbie: *Heilende Hände.* Frankfurt am Main, 1993

Shapiro, Debbie: *Lebendig sein. Das Körperbewusstseins-Übungsbuch.* Essen, 1994

Smullyan, Robert: *Das Tao ist Stille.* Frankfurt am Main, 1997

Thurman, Robert: *Revolution von innen.* München, 2000

Wilson, Paul: *Zur Ruhe kommen. Einfache Wege zur Meditation.* Regensburg 1998

Register

Kursive Seitenangaben beziehen sich auf die Übungen.

A

Abhängigkeit
  Familien und 133
  Liebe und 122
Achtsamkeit
  Atmung und 104
  Moment genießen 86, *87*
Akzeptanz 16, 89
Altern, Geist und 148
Andacht, ritualisierte 112
Angst, und Selbst-Kenntnis 33
Anmut, und spirituelles Bewusstsein 150-52
Atmung
  Geist und 104, *105*
  Yoga und 110
Aufwärts fließen, taoistische Übung *79*

B

Basho, über den Frühling 42
Begegnungen, Austausch von Energie 27, 32-33, 34
Beobachtung
  Atmung und 104
  der Natur *85*, 91
  Selbstlosigkeit und *121*
  Wahrnehmung und 42
Besitz, und Spiritualität 68-69
Bestärkungen 32, 112
Bestimmung, und Kreativität 22
Beziehungen 32-33
  Angst vor 122-5
  Empathie und Verständnis 128-29
  Familie 132-33
  Identität und 52
  mit Fremden 138-39
  Quelle des Geistes, mit der 36-39, *37*, 63, 110-11
  siehe auch Liebe
Blumen, und Meditation 43, 44
Brahma 18
Bresson, Robert, über Kreativität 22
Bronzino, Agnolo, Werke von 93
Buddhismus
  achtsames Atmen 104
  akzeptierte Rituale 112
  Reinkarnation und Karma 130
  Symbole des 53
  Verantwortung und 58

C

Camus, Albert, über den Winter 48
Chang San Feng, *Tai Chi Chuan* und 77-78
Chaos und Sinn 16, *17*
Chi (Lebenskraft) 25, 35
Christliche Kunst 92-93

D

Dalai Lama, über Glücklichsein 128
Demut, Ego und 62-63
Dharna, Säule spirituellen Lebens 21
Dienen 21
Dillard, Annie, über Tod 142
Disziplin, Gefahren von 126

E

Ego
  Bindungen 18, 50, 52, 100
  Demut und 62-63
  Emotionen und 26, 71
  Selbstbewusstsein und 33
  Selbstlosigkeit und 120
  Welt und 16
Ehrlichkeit, gegenüber sich selbst und anderen 64-65
Eifersucht 26
Emotionen 26-27
  Familien und 132-33
  Kontrolle von 27, 32, 55, 70-72, *73*
  Loslösung und 74, *75*
  Musik und 96
  Tod und 142
  Vergebung und 137
  Weg des geringsten Widerstands 78

siehe auch Leidenschaft
Empathie 128-29, *129*
Energie *siehe* Spirituelle E.
Enthusiasmus 127
Entscheidungen, Werte und 60-61
Epikur, über Freundschaft 134
Erinnerung, und Selbst 52, 54
Existenz
    Philosophien 16, 18, 25
    Selbst und 24
    siehe auch Identität

F

Familie, Spirituelles Leben und 132-33
Freier Wille, und Vorbestimmung 147
Freiheit von Bindungen 74, *75*
Freiheit, und Verantwortung 58-59
Fremde, Beziehungen zu 138-139
Freundschaft 134, *135*
Früchte, Meditation und 46, *47*
Frühling, Spirituelles Bewusstsein und 42-43

G

Gärten 83
Gawain und der grüne Ritter, Selbsterforschung und 48
Gebet 112, *113*
Geduld 42
Gefühle 26-27
Geist
    Begegnungen mit anderen 27, 32-33
    Ego und 62, 63
    Eltern, als 36
    Emotionen und 26
    Erfüllung durch 18
    Jahresrhythmus 40-49
    Qualitäten des 32
    Kerzenmeditation 48-49
    Kreativität und 22, *23*
    Quelle des 36-39, *37*, 63
    Selbst und 20-21, 50, 52
    Sinn und 16
    Vernunft und 24-25
Ghandi, Mahatma, über Vernunft 24
Gibran Kahlil, über Winter 48
Giotto, Werke von 93
Glückseligkeit 100, *101*
Gogh, Vincent van, über Kunst 94
Gott, Vorstellungen von 36, 38-39
Gyan, Säule spirituellen Lebens 20

H

Hamlet (Shakespeare) 117
Heidelberg, Universität von, und Philosophenweg 46
Heilung, spirituelle 34, 106
Heraklit, über Veränderung 30
Herbst
    Meditationen 46, *47*
    Spirituelles Bewusstsein und 42, 46, *47*
Hinduismus
    das *sri yantra* 44
    materielle Wahrnehmung und 18
Hobbes, Thomas, über menschliche Natur 56
    über Vernunft 24
Hobson, Allan, über Wachheitszustände 116
Hugo, Victor, über Tod 143
Hume, David, über Selbst 54

I

Identität 50, 52, *53*, 111
    Einzigartigkeit der 56-57
    siehe auch Existenz
Innere Stille 98-117
Intellekt 27, 54, 55
Intuition, Vernunft und 24-25

J

Jahr des Geistes 40-49
James, William, über die Theorie der Emotionen 71
Journal, Tagebuch des Bewusstseins 23
Jung, Carl, über Träume 116
    über Kinder 133

K

Kandinsky, Wassily, über Kunst 92
Karma 34, 130-31
    Schicksal und 146-47
Kerzenflamme, Geist und 49
Klee Paul, über Kunst 92

Kommunikation, mit der
   Quelle 39, 96, 110-11
Konfuzianismus 132
Krankheit, und Energiefluss 35
Kreativität
   Geist und 22, *23*, 126
   Kunst und 92-94, *95*
Kriegskunst im Taoismus 77-78
Kübler-Ross, Elisabeth, über
   uns selbst und andere 32
Künste, die 80
   Spiritualität und 92-94, *95*
Kunstgalerien 94

L

Lao Tse, das *Tao-Te-ching* 76
Lärm, als Ablenkung von
   innerem Frieden 102, *103*
Lawrence, D. H., über Schlaf
   und Geist 116
Leben
   Kreis von Tod und 46, 89
   natürliche Rhythmen 29
Lebenskraft 26,
   siehe auch Chi
Leidenschaft
   Enthusiasmus und 126-27
   siehe auch Emotionen
Lévi-Strauss, Claude, über
   Musik 96
Licht
   Quelle als Licht 36-39, *37*
   Selbst-Souveränität 55
Liebe 100, *101*

agape (Liebe zur Gemeinschaft) 122, 124, *125*
Angst und 122-23
Emotion der 26
Energien der 118-39
Loslösung und 147
Quelle und *37*, 38, 82
Reife 124
Selbstlosigkeit und 63, *121*, 134
Verpflichtung und 122-5
siehe auch Beziehungen
Luther, Martin, über Liebe 122

M

Mandalas
   als Meditationshilfen 108
   Frühling 43
   Herbst 47
   Schneeflocke 49
Mantras 100, 108
Materialismus 60, 68-69
maya 18
Meditation
   Atmen und 104, *105*
   Blumen zur 43, 44
   Freundschaft fördern *135*
   Frühlingsmandala 43
   Gestalt in *19*
   Herbstfrüchte 47
   Kontakt mit Fremden 139
   Kontrolle von Emotionen
      durch 73, 75
   Mantra unvergänglicher
      Energie 100
   Muster der Segnungen *17*

Nachthimmel und 88-89
Natur und 83, 84, *85*
Perspektive und *19*, 23
Pfad der 106-08, *109*
Quelle der *37*
Rückzug und 114
Schmerz beherrsehen *145*
Sonne *45*
Stille und 102, *103*
Taoismus und 77
Versteckter Garten *101*
Winter 48-49
Yoga und 20-21, 111
Meinungen, und das Selbst 54
menschliche Natur 56
Meridiane *35*
Mitleid, mit anderen 128
Mond, Meditation über 88-89
Montaigne, Michel de, über
   Wahrheit 64
Muldoon, Paul, über
   Emotionen 70
Muscheln, Meditation über *17*
Museen 94
Musik
   Geist der 96-97
   Zeit und 28
Mutter Theresa 120

N

Natur, Welt der
   Spirituelle Reaktion auf
      80, 82-84, *85*, 90-91
   siehe auch Welt
Negative Energien 104, 144
Newton, Sir Isaac 126

Nietzsche, Friedrich, über
    Leiden 144

O

Orpheus, Musik und 97
Ovid, über Veränderung 30

P

Parker, Dorothy, über Liebe
Persönlichkeit, Selbst und 54
Plato, Die Künste und 92
Potlatch, Zeremonie 68
Pound, Ezra, über Mengen 57
Pranayama, Atemkontrolle 104
Purana, Bhagavata, über den
    Yogi 110

Q

Qualität, und Wert 60

R

Rad der Existenz, das *53*
Raphael, Werke von 93
Realität
    Wahrheit und 100
    Wahrnehmung und 18, *19*
Reflexion, Basis des Lernens 20
Regenbogenmeditation 39
Reinkarnation 130
Religion 112
Renan, Ernest, über Liebe und
    Schönheit 56
Rhythmus
    des Lebens *29*
    Musik und 96
Rituale, Gebete und

Bekräftigungen 112, *113*
Rousseau, Jean Jacques, über
    die menschliche Natur 56
Rückzug, spiritueller Wert von
    114-15

S

Säulen des Geistes 20-21
Schicksal, und Lebensent-
    scheidungen 146-47
Schlaf, Geist und 116-17
Schmerz beherrschen 144, *145*
Schneeflocke, Wintermandala
    49
Selbst
    Beziehungen und 32-33
    Einzigartigkeit des 56-57
    Geist und 20-21, 50, 52
    Selbst-Bewusstsein 20-21, 32-
    33
    Besitz und 69
    Meditation und 106-07
    Unverwundbarkeit und 54
Selbst-Aufopferung 120
Selbst-Erforschung,
    Meditationen 48, 108, *109*
Selbst-Kenntnis 20-21, 30-31,
    38, 55, 106, 122
Selbst-Losigkeit 63, 120, *121*,
    134
Selbst-Respekt 82, 132
Selbst-Verbesserung 31
Selbst-Wahrnehmung 24
Selbst-Zweifel 23
Seva, Säule spirituellen Lebens
    21

Shakespeare, William, und
    Schlaf 117
Shakti, Meditation und 44
Shiva, Meditation und 44
Sinn, des Lebens 16
Sinn, Suche nach 16
Sinne, Das Selbst und die 54
Sokrates, über ewige Wahrheit
    100
Sommer
    Meditationen 44, *45*
    Spirituelles Bewusstsein und
    42, 44, *45*
Sonne, Meditationsübung *45*
Souveränität des Selbst 54-55,
    82-83
    Demut und 62-63
Spirituelle Energie 20
    Austausch von 27, 32-33, 34
    grenzenlose 34
    Lebenskraftübung *35*
    Quelle des Geistes und 38
Spirituelles Bewusstsein
    andere Menschen und 32
    Anmut und 150-52
    Ehrlichkeit und 65
    Emotionen und 27
    Jahreszeitenmeditation 40-49
    Kreativität und 22
    Loslösung und 74, *75*, 126
    Quelle des Geistes und 38
    Schicksal und 146-47
    Spirituelle Energie und 34
    Tod und 148-49
    Veränderung, Kontrolle von 31
    Vernunft und 24, *25*

Spirituelles Leben, Die vier
  Säulen des 20-21
Spirituelles Wachstum 54, 128,
  150-51
Steiner, George, über Kunst 93
Sterne, Meditation über 88-89
Stevens, Wallace, über Musik
  96
Stille, Kontemplation des
  Geistes und 102, *103*
Strom des Bewusstseins 23
Subjektivismus 18
Sünde, Karma und 131
Symbole
  Kunst, in der 93
  Natur, in der 84
  Rad der Existenz 53
  Regenbogens, des 39

T

Tai Chi Chuan, Kriegskunst
  und 77-78
Tagebuch siehe Journal
Tagore, Rabindranath, über
  Landschaft 82
Taoismus 76-78, *79*
Taten, und das Selbst 147
Tennyson, Alfred Lord, über
  Souveränität 54
Thoreau, Henry, Natur und 91
Tiere, spiritueller Respekt
  gegenüber 90-91
Tizian, Werke von 93
Tod
  Kreis von Leben und 46,
    89

Spirituelles Bewusstsein
  und 148-49
  Trauer und 142, *143*
Todesfall 142, *143*
Todesnähe erfahren 36
Träume, Interpretation und
  Traumarbeit 116-17
Tugenden 21

U

Updike, John, über Kunst 92

V

Veränderung, Einstellungen und
  Persönlichkeit 30-31
Verantwortung 58-59
Vereinigung, mit der Quelle des
  Geistes 110-11
Vergebung 136-37
Verhaltenstheorie, und
  Emotionen 71-72
Verlangen, und das Selbst 54,
  55
Vernunft
  Intuition und 24-25
  Selbst-Wahrnehmung und 24
Verpflichtung, der Quelle
  gegenüber 38
Versöhnung 136-137
Verstand
  Selbst und 54
  Wachheitszustände 116
Verständnis, für andere 128-29,
  129
Visualisierung
  Achtsamkeit und *87*

Fischer *105*
Freundschaften fördern *135*
Hugos *Die Arbeiter des Meeres*
  143
Kontrolle von Emotionen 72
Meditation und *17*, *53*, *109*
Oase des Friedens *103*
Versteckter Garten *101*
Verzauberter Wald *125*
Wiedervereinigung mit der
  Quelle 37
  siehe auch Vorstellungskraft
Vorstellungskraft, Fantasie 16,
  22, 80, 84
  visuelle 92-94, *95*
  siehe auch Visualisierung

W

Wahrheit
  Ehrlichkeit und 64-65
  ewige 100, *101*, 104
Wahrnehmung
  Beobachtung und 42
  Realität und 18, *19*
  Selbst und 54
Wanderungen 85
Weil, Simone
  über Demut 62
  über den Ursprung 130
Weiser alter Mann, Archetyp
  116
Weisheit, Die Quelle und *39*
Welt, die (materielle Welt)
  Bindungen an 151-52
  Gesetze von Ursache und
    Wirkung 16, 147

scheinbare Zufälligkeit der 16
siehe auch Natur, Welt der
Werte 60-61, 69
Wertschätzung anderer 133, 139
Whitman, Walt
    über die Seele 153
    über Tiere 36
Widerstand 76-78
Winter
    Meditation über 48-49
    spirituelles Bewusstsein und 42, 48-49
wu-wei, Nicht-Handeln des Taoismus 76-77

Yantra 44
Yoga
    Säule des spirituellen Lebens 20
    Vereinigung und 110-11

Z

Zeit, Abschütteln der Tyrannei der Zeit 28, *29*
Zeus, Sonnenmeditation und 45
Zorn 26

Weitere Informationen

Für weitere Informationen zu den Themen und Übungen in diesem Buch können Sie Mike George via E-mail kontaktieren:
mike@bkwsugch.demon.co.uk

Danksagung

Der Verlag möchte folgenden Personen für die Genehmigung des Abdrucks ihrer Werke danken:

Marion Deuchars
Seiten 15; 22; 28; 36; 40; 44; 50; 61; 66; 77; 81; 99; 117; 118; 141; 149

Joelle Nelson
Seiten 27; 31; 43; 57; 59; 63; 65; 69; 74; 83; 97; 111; 115; 129; 131; 133; 138; 150; 153

Aud Van Ryn
Seiten 18; 25; 33; 49; 55; 71; 82; 89; 91; 93; 102; 107; 123; 127; 137; 142; 144

Es wurde alles unternommen, um eine korrekte Danksagung an Copyright-Inhaber zu gewährleisten. Wir entschuldigen uns für etwaige Fehler oder Auslassungen und werden diese in zukünftigen Ausgaben dieses Buches korrigieren.